維摩佛學論著集

（三）

林律光 著

文史哲學集成
文史哲出版社印行

國家圖書館出版品預行編目資料

維摩佛學論著集. 三 / 林律光著. -- 初版.--
臺北市：文史哲, 民 108.09
　頁;　公分（文史哲學集成；724）
參考書目：　頁
ISBN 978-986-314-486-1（平裝）

1.佛教 2.文集

220.7　　　　　　　　　　　108014843

文史哲學集成　724

維摩佛學論著集(三)

著　　者：林　　　律　　　光
出 版 者：文　史　哲　出　版　社
http://www.lapen.com.tw
e-mail：lapen@ms74.hinet.net
登記證字號：行政院新聞局版臺業字五三三七號
發 行 人：彭　　　正　　　雄
發 行 所：文　史　哲　出　版　社
印 刷 者：文　史　哲　出　版　社
臺北市羅斯福路一段七十二巷四號
郵政劃撥帳號：一六一八〇一七五
電話886-2-23511028・傳真886-2-23965656

實價新臺幣三四〇元

二〇一九年（民一〇八）十月初版

正法眼藏

賀林律光教授（維摩）新書付梓

嵩山少林寺監院釋延琳法師題

維摩佛學論著集（三）

目　　次

序　一　鄉間之哲思

　　學術研究論文之撰寫，耗費時日，嘔心瀝血，非誠無以致之。此誠乃無息之意也。然，研究者雖稟至誠無息之懷，博學強記，亦未必能作隻字，腸思枯竭來襲，徒怏怏而已。今聞林律光博士新著又將付梓，知其善用閑暇，整頓諸務之功。余忖林博士與客交際，接待之禮不俗，論道談文，則常半日，客或有困睡之意，其則未嘗厭倦也！足見，躬行學問自在其中矣！

　　《維摩佛學論著》三輯收錄十一篇佛學專論，間有禪宗、淨土、天台、唯識等宗派之義理論述；自議題而觀，則有詩歌、茶禪、淨土、佛醫文化、修行方法等等，許多布置，廣惠學者。其間之〈略論慧遠與淨土〉、〈略論藥師與淨土〉、〈藥師佛信仰對中國佛醫文化之影響〉、〈中觀與唯識修觀方法之異同及其影響〉，吸引余之目光，一因余長期關注淨土思想，二因修持問題應於佛學研究之範域，予以重新解詁。

　　已故之知名佛教文獻學及唯識學專家上田義文先生曾云：「明治時代以來以國立大學為中心，用西方傳入的方法從事研究的佛教學，是現今日本印度學佛教學的主流，而我們幾乎都只做這種佛教學研究，這樣好嗎？」又云：「我注意到，自己從事三十多年的研究，知道也只是這些，而這些是否可說是佛教學呢？……其他學者亦然，被認為真正了解佛教的人確實很少，不是嗎？……總覺得佛教學是一門奇怪的學問，不知其所做為何的學問，不是嗎？……在

文獻學和哲學之外，甚至是歷史學、文學、心理學、美學、社會學、宗教學或者是精神醫學、政治學、經濟學等各種學問，也都會以佛教為對象來進行研究，而且也確實能夠運作。（但是）假如以佛教為對象的學問就是佛教學，那麼每一門學問就都是佛教學了。……如果這些不是佛教學，則其間的差異必定是在於『方法』。即使同樣以佛教為對象，但其他的學問還是和佛教學不同，則佛教學必定有其特有的『方法』。」

　　特為迻錄上田先生之話語，見其省思深遠，慨然興歎。他以極謙卑之態，寄語年輕學者，應緊密結合現代之研究方法和佛教學之研究方法，留神省察：「各宗派傳統上所傳承的信仰和開悟，在方法論上與佛教近代的『學問』結合。」「如和各宗派的開悟和信仰結合之際，各宗派特有的『行』就佔有極大的比重。」此非臆決之辭，橫議無端。縱觀當今之佛學研究，大抵展現「知識取向」之特質，而少「實踐取向」之探究。吾人理當深思「佛學」、「佛法」和「佛學研究」之差異，「佛學」或「佛法」之本質為何？乃吾人須致意而明理達變之處。回歸「主體」之研究，而非僅為「客觀研究」而為滿足矣！

　　林博士才氣高明，擁有雙博士學位，且隱逸鄉間林谷，平日勤於筆耕之餘，於農間栽接，整治花木，並對畜生有非常之情，厚加芻養。此一鄉間哲人，無視營生之迫，雖無豐饒，亦不失仁智樂。此自得之樂，在香港一隅，獨一無二，頗令人感佩。其鄉間哲思，不在於求名逐利，而在於自娛。言其自娛，恐非的當，想必其以「實踐取向」，無畏寂寥，面對生命，躬身踐履，行菩薩道，修集大乘，攝取聖慧。今其大作即將付梓，囑序於余，故忝踰數語，是為序。

陳　劍　鍠
香港中文大學人間佛教研究中心主任

序 二

　　佛法自傳入中國以來，對傳統中國文化形成很大的衝擊和碰撞；而這樣的衝擊和碰撞也激盪出儒釋道交流共融的中華文化底蘊，影響所及，不僅僅是在信仰內涵和義理哲思上，也遍及我們日常生活的各個層面。律光兄的這本大作，便充分呈現這樣的思維和研究旨趣。就如他在文中引《六祖壇經》一書中「佛法在世間，不離世間覺」所想表達的意義一樣，真正的佛法，是融通於生活世界並通過生活實踐而具體開展的；一旦脫離了對生活世界的關注，佛法的諸多甚深奧義，便成為毫無意義的空言呢喃。從佛法義理和生活實踐不二的辯證來看，律光兄這本書的架構和敘述就顯得格外具有巧思意義。

　　當然，要能從最平常處來契入、照見佛法的精絮微妙，自然需要有寬廣的知識、開闊的視野、以及跳脫俗見的思維和細膩深入的研究，方能另出機杼，為佛學研究闢擘出前人所未論未及的天地。律光兄學養廣博深厚，於儒釋道諸家學說皆有精研，兼且勤於研究著述，這些因素都是讓他能夠不受限於純粹的佛學義理探討或史料研究，而能以更寬廣的視野和面向來進行論述，並且賦予這些議題新的研究意義。

　　本書中所探討的禪師、茶禪、淨土、唯識、中觀等議題，看似各自獨立，但背後其實都貫穿我們的生活這一核心議題，可以看成是從生活自在的禪到往生善處的淨土，以及如何修行和認識

的禪、唯識、中觀的幾個範疇的疏理。中國的禪宗一直被視為是
「佛法中國化」的代表，它是印度和中國文化的智慧結晶，以人
的具體生活生命為出發，向人們揭櫫一條如何通過生活修行不二
而獲致自在解脫的道路，也因此，禪是活潑的、鮮明的，看似出
世的心卻依托、證成在入世的行上，是在你我生活之中被自然表
現出來的，文中通過討論黃檗希運的心佛一說論及禪的內涵、思
想和修行；通過對八指頭陀寄禪的詩歌抒論禪的意境和美感，而
茶禪一味更是彰顯對禪與生活無二無別的直視；而其後的淨土議
題，則是對人生活生命的另一種關懷，而本書的最後一大部分，
先從天台慧思的禪觀疏理帶出一心三觀，再探討唯識的義理思辨
與修行旨趣，之後再歸結於唯識和中觀思想的空、有二元其實是
殊途同歸的修行思想中，並且也與最初的禪的思想又環扣在一
起。這樣的鋪排，都可見律光兄對生活議題的用心，他不單只是
想做或在做佛學研究，而是希望通過佛學研究來為佛法在人的生
活生命的具體實踐過程中指引出其意義與方向的用心。

　　佛學研究歷來就是開放多元的，沒有一定的內容與方向，但
如果忽略了人的生活和具體實踐，而只淪為生硬的文獻堆砌或義
理推敲，那這樣的的研究成果就很難引起共鳴，當然更稱不上是
能發人深省、引人共鳴的研究了。律光兄雅號維摩居士，自是深
得其風，經典中的維摩詰居士的形象是相當鮮明活潑的，從生活
細節處契入開演佛法，不受拘泥的彰顯佛法無處不入、無處不在
的圓滿智慧。我們欣見律光兄在這方面的用心與努力，也希望讀
者在閱讀的過程中，能夠感受到這些文字般若中所蘊含的無窮智
慧，體悟「佛法在世間，不離世間覺」的真諦。

賴 皆 興
台灣靈鷲山佛教教團研究中心主任

序　三

　　佛法本是以修行為目的，依修行而斷煩惱、得解脫，但近現代以來佛教學術工作的開展，佛法不只是用來修行而也成為純研究的對象，佛教學者和佛教行者各有其定位，扮演著不同的功能與角色。

　　一如藍吉富先生把佛學分為「學院佛學」和「寺院佛學」，「學院佛學」受到國際佛學界研究風潮影響，方法與態度皆無關乎信仰，主要是人類文明歷史的解析探討，為「非佛教徒」服務，甚至有破壞傳統佛教信仰之疑慮，著眼於「求真」的向度。「寺院佛學」則是以信仰、實踐為出發點的傳統佛學研究，重視佛法的修行解脫等，視「學院佛學」諸多討論乃無關痛癢、味同嚼蠟。

　　藍老師認為主流的「學院佛學」一味地為「非教徒」服務，而不理會佛教徒的需要，乃是不公平的，畢竟佛教文化還是佛陀及歷代佛教徒所開創出來的；因此他試著作一些平衡舉措，寫了一些文章來「深化佛教信仰深度」，滿足了佛學研究者與佛教徒的雙重身份，認為這不祇是他的興趣，也是他職責所在。

　　藍老師上述的構想我深表認同，現在的人文學者（不只是佛教學者），往往高的上去卻低不下來，這不免是一種遺憾。佛法討論如何「老少咸宜」及「雅俗共賞」，淺顯而又不失深度，恐要多番琢磨；亦即在大學、學院派專業佛學訓練下，以通俗化、大眾化的方式走入民間深入民心，乃是有志從事佛法教育工作者

值得留意的；如藍老師所說，一來「為佛教徒服務」、二來也「深化佛教信仰深度」。

　　律光兄大作即將出版，初步翻閱所寫的論文，其中雖有知識性、學術性的佛法探討，但同時也可感受出平實單純的宗教實踐情懷，存在另一種形式的感染力，活生生帶有溫度而不僅是冷冰冰的知識。

　　一如作者以「維摩佛學論著集」定名，可知這本書不只是學術性的，還有宗教向度的關懷，對於學術界、佛教界的影響短時間雖無法判定，但相信對律光兄個人及其他有緣之人而言必定是收穫良多。

　　印象中，律光兄與我僅有一、兩面之緣，承蒙兄之不棄而索序於我，僅聊表數語為大作出版之祝賀！

林 建 德 於台灣花蓮歇心居 2019.05.05
佛教慈濟大學宗教與人文研究所教授

自 序

　　夫天地之大，可容萬物，縱橫可推，無去無來，不生不滅，聖者拯沈淪於沙劫，救焚灼於塵區。《菩提經注‧序》曰：「萬法無相而有二諦，聖人無知而有二名。二諦者，俗也、道也。二名者，權也、智也。二名以語默為稱，二諦以緣性為言，緣性兩陳而其實不乖，語默誠異而幽旨莫二。故《般若經》曰：『色即是空，空即是色。』見緣起為見法也。」

　　三藏者，乃是至極甚深秘典，開示如理緣起之義。其旨淵弘寂而無相，其用廣大而無邊，覺海無涯，慧境圓照。曩昔如來在世，化震大千，鶹鴟鳴夜，不翻白日之光；精衛銜石，無損滄海之勢。佛教普被於無窮，方廣真筌，遐該於有識。唐時，百花齊放十宗大盛，各有師承，事理俱足，燦然大備。諸佛之密藏，如來之性海，視之者，莫識其指歸；挹之者，罕測其涯際，有學、無學，志絕窺覦。時會菩薩，神通妙達，周遍十方，導利眾生，開佛法藏，示泥洹要，皆入人根，宿命智德，善權方便，訓化以漸，聞而深敬。

　　余雖慨不見聖，慶遇玄旨，故得甘露流津，膏雨灑潤。近歲，時參與中港台佛學學術會議，勤於著錄，意到即筆，積十餘萬字，今春整篇成書，命名為《維摩佛學論著集三》，敬寫拙文，流通於世，使仰希菩提者，追踪以悟理故，冀於後代同聞，望明識君

子，詳而覽焉。

　　桃腮欲赤，柳眼微青，今逢香港中文大學人間佛教中心主任
陳劍鍠教授、靈鷲山道場主任賴皆興教授、嵩山少林寺監院釋延
琳法師、臺灣慈濟大學林建德教授等當今佛法智者賜序題簽，幸
甚矣！又銘謝港大佛學碩士班同窗吳日偉為文校對，數語佈悃，
筆不逮言，言不盡意，爰題序云。

　　維　摩　序於香江落馬洲竹林書院己亥暮春歲

黃檗希運之「心佛一說」

一、生　平

黃檗（？855 年）生年不詳，卒於唐宜宗大中九年，別名黃檗希運，號稱黃檗禪師，敕諡斷際禪師，福州人氏，住洪州高安縣黃檗山（今江西省宜豐縣黃檗山），幼於本州黃檗山出家，係百丈懷海禪師之嗣[1]，唐代大乘佛教禪僧。其貌異常，額有肉珠，聰慧利達，學通內外，生性淡薄，音清語潤。據《五燈會元》[2]載：

> 南嶽下三世。百丈海禪師法嗣。洪州黃檗希運禪師。閩人也。幼於本州黃檗山出家。額間隆起如珠。音辭朗潤。志意沖澹。[3]

---

1 他從百丈懷海禪師學法，其弟子臨濟義玄，創建出中國禪宗最盛的臨濟宗一系。

2 《五燈會元》：凡二十卷。南宋僧普濟撰（宋刊本作慧明撰）。今收於卍續藏第一三八冊。此書取自景德傳燈錄以下之五燈錄，即於景德傳燈錄、廣燈錄、續燈錄、聯燈會要、普燈錄等，撮要會為一書，故稱五燈會元。其內收錄過去七佛、西天二十七祖，東土六祖以下至南嶽下十七世德山子涓嫡傳付法禪師之行歷、機緣。及南宋亡，其板木為元兵燒燬，會稽韓莊節與太尉康里重刻。明代僧南石文琇於永樂十五年（1417）完成五燈會元補遺一卷，列述杭州靈隱東谷光等五燈會元後之二十人之略傳。收於卍續藏第一四二冊增集續傳燈錄之附錄。（參閱《佛光大辭典》「燈錄」6260）2p1203。）

3 卍新纂續藏經第八十冊 No.1565《五燈會元》，頁 0088a18(00)–0088a22 (00)X80n1565。

希運與李忱

　　西元 9 世紀黨爭慘烈，唐憲宗被宦官所殺，李忱為憲宗十三子，為避武宗之禍，出家為僧，至江西宜豐黃檗山隨希運禪師修習禪法。據《黃檗宛陵錄》載：希運禪師為鹽官說法，李忱負責是次法會的記錄。他想起師父平日的教導便問：「不著佛求，不著法求，不著眾求，禮拜當何所求。」黃檗回答說：「不著佛求，不著法求，不著眾求，常禮如是。」李忱說：「用禮何為。」黃檗便用手打他。李忱說：「太粗生。」黃檗卻說：「這裏是什麼地方，說粗說細。」希運禪師又打他。黃檗希運的禪法就是「唯有一心，更無別法」、「無心、無求與見性成佛。」此處黃檗希運所說「常禮如是」即是「此法即心，心外無法；此心即法，法外無心。」李忱好學卻被掌摑，是何因由，大惑不解？蓋禪門主張離言棄絕，當頭棒喝，提倡「直指人心，頓悟成佛。」[4]可惜李忱機緣未到，未能參悟，因而被摑。這正是希運的禪風——棒喝、禪杖。這種打、棒、喝的教育方式，目的使參禪的人停止心意識，當下自悟，「臨濟棒」因而得名。

　　值得一提，瀑布聯句應該是李忱最為著名的。據《碧岩錄》載，他拜香岩智閑門下。有一次兩師徒來到江西廬山觀瀑布時，智閑心有所悟吟誦兩句聯語，其句曰：「穿雲透石不辭勞，地遠方知出處高。」不久，李忱心有靈犀接著吟出下兩聯語，其句曰：「溪澗豈能留得住，終歸大海作波濤。」[5]智閑聽後，領悟句中真意，知他非池中之物，而兩者的聯句合而構成一首七言絕詩：

---

4 大正藏第 48 冊 No.2012B，黃檗斷際禪師宛陵錄，第 1 卷，頁 0385a04。
5 《碧岩录》，卷二，第十一則。

穿雲透石不辭勞，地遠方知出處高。（智閑）

溪澗豈能留得住，終歸大海作波濤。（李忱）

全詩合乎平仄，押下平聲四豪韻。由此觀之，智閑與李忱兩位都具有文學才華，惟不同者，前者從修行者的角度出發，對未來境界的追求；而後者則從政治的角度思維，對王權的盼望，一個追求出世，另一個追求入世，兩者截然不同。

其後李忱繼位，帝號唐宣宗，賜封希運禪師為「麤行禪師」，裴休在朝時奏請改為「斷際禪師」。由於唐宣宗李忱逃亡時接觸佛教，體驗佛法，而且深入民間，他即位後這些禪宗理念對他的施政影響甚大。會昌法難之後，他將唐代佛教重新振興，並推向一個新的輝煌階段。

希運與裴休

黃檗禪師乃曹溪六祖慧能之嫡孫（六祖慧能[6]——＞南嶽愈懷讓[7]——＞馬祖道一[8]——＞百丈懷海[9]——＞黃檗希運。），禪

---

6 惠能（638年－713年），又作慧能，俗姓盧氏，南海新興（今廣東省新興縣）人，祖籍范陽涿（今河北涿州市）人。佛教禪宗祖師，相傳得黃梅五祖弘忍傳授衣缽，繼承東山法門，為禪宗第六祖，世稱禪宗六祖（神秀一系以神秀為六祖）。唐中宗追諡大鑑禪師。是中國歷史上有重大影響的佛教高僧之一。陳寅恪稱讚六祖：「特提出直指人心、見性成佛之旨，一掃僧徒繁瑣章句之學，摧陷廓清，發聾振聵，固我國佛教史上一大事也！」（維基百科：https://zh.wikipedia.org/wiki/%E6%83%A0%E8%83%BD(引用日期2016.6.17)。

7 南嶽懷讓禪師（677年－744年），俗姓杜，唐代金州安康（今陝西安康）人，禪宗高僧，為六祖惠能門下，與青原行思形成兩大支派。唐敬宗時，追諡「大慧禪師」。

8 馬祖道一是禪宗最主要宗派洪州宗的祖師。俗姓馬，又稱道一、洪州道一、江西道一。漢州什方縣（今四川什邡馬祖鎮）人，諡號大寂禪師。馬祖主張道不用修，或者說任心為修。即心是佛——非心非佛——平常心是道是他的佛性思想與實踐的總綱領。他讓「頓悟」說付諸實行，取代

師晚往江西參馬祖，值祖歸寂，乃見百丈，並繼承禪統，一脈相傳。唐武宗[10]會昌二年（842），黃檗禪師先後居於江西洪州龍興寺[11]及杭州海昌院。時河東節度使[12]裴休[13]於鍾陵（今江西省進賢

了看經坐禪的傳統，促使禪僧普遍革新禪的觀念。馬祖道一禪師門下極盛，有「八十八位善知識」之稱，法嗣 139 人，以百丈懷海、西堂智藏、南泉普願最為聞名，號稱洪州門下三大士。其中百丈懷海門下開衍出臨濟宗、溈仰宗二宗。(百度網頁：http://baike.baidu.com/view/1795059.htm （引用日期：2016.6.17））。

9 百丈懷海（749 年－814 年），俗姓王，名懷海，福州長樂人，唐朝禪宗禪師，為馬祖道一門下，承繼洪州宗禪法。因居洪州大雄山百丈巖（位於今之江西宜春市奉新縣），人稱百丈懷海。唐穆宗長慶元年（821 年），敕諡「大智禪師」。(百度網頁：https://zh.wikipedia.org/wiki/%E7%99%BE%E4%B8%88%E6%80%80%E6%B5%B7（引用日期：2016.6.17））。

10 唐武宗（西元 814 年 7 月 1 日—西元 846 年 4 月 22 日），本名李瀍，後改名炎。唐穆宗李恒第五子，唐敬宗李湛、唐文宗李昂異母弟。初封潁王，累加開府儀同三司、檢校吏部尚書。西元 840 年正月，文宗病重，仇士良、魚弘志矯詔廢皇太子，立李瀍為皇太弟。同月文宗去世，李瀍即位。次年改元會昌。武宗在位時，任用李德裕為相，對唐朝後期的弊政做了一些改革。(百度網頁：http://baike.baidu.com/subview/2365212/9455377.htm?fromtitle=%E5%94%90%E6%AD%A6%E5%AE%97&fromid=617355&type=search 引用日期：2016.6.17)

11 龍興寺坐落在四川省彭州市城北口，始建於東晉（337 年）初名"大空寺"，梁武帝永定二年（558 年）志公禪師擴建寺院，武則天天授二年（691 年）更名"大雲寺"，唐玄宗開元六年（718 年）詔號"龍興寺"。唐武宗會昌五年（845 年）廢寺為閑地，次年三月武宗駕崩宣宗繼位，大中二年（848 年）預知禪師重建龍興寺，到二十世紀四十年代寺院占地 80 多畝，有正殿四重，配殿多座，塑像 100 余尊，常住僧人 100 多人，住房 150 餘間。清末緬甸國王贈送玉佛一尊，印度國王送舍利子《貝葉》、日本國贈送大藏經，古寺由以釋迦牟尼佛真身舍利寶塔聞名天下。(百度網頁：http://baike.baidu.com/subview/159151/8458787.htm（引用日期：2016.6.17)。

12 節度使，中國古代軍事將領，後來成為地方官，簡稱節度、節使、節帥。唐代駐守於各道的武將稱為都督，都督帶使持節的稱為節度使。一般情況下也時常稱持節的各鎮守軍官，如觀察使、招討使和安撫使等為節度使。(百度網頁：https://zh.wikipedia.org/wiki/%E8%8A%82%E5%BA%A6%E4%BD%BF 引用日期：2016.6.17。

13 裴休（791-864）唐朝一代名相。字公美，漢族，河內濟源（今河南濟源）

縣）為廉鎮（即觀察使），仰慕師德，迎禪師於鍾陵龍興寺，且
夕問道。唐宣帝大中二年（848），裴休移鎮宛陵（安徽省宣城縣），
又迎請禪師至開元寺，求法問道，筆錄其說，後結集為《黃檗希
運禪師傳心法要》[14]。裴休得希運開悟，曾賦詩一首讚嘆：

> 自從大士傳心印，額有圓珠七尺身。掛錫十年棲蜀水，浮
> 杯今日渡漳濱。一千龍象隨高步，萬里香花結勝因。擬欲
> 事師為弟子，不知將法付何人。[15]

　　自從達摩大師入東土，傳佛心印，六傳之後，再經懷讓、馬
祖、百丈，心印至黃檗希運大師手中，且成了「正宗」。門下弟
子千餘，萬里傳法，法幢高建，處處受香花供養，法緣殊勝。裴
休受到黃檗大師的啟迪，拜其為師，以弟子之禮事之，理解大師

人，祖籍河東聞喜（今山西運城聞喜）。官至吏部尚書，封河東縣子，
贈太尉。善文章，工書，以歐、柳為宗。寺剎多請其題額，河南魯山亦
多題銘。為晚唐著名書家，然存世書跡僅一件。裴休尤工書法。其撰寫
的《圭峰禪師碑》，貌似柳體，然而風格較柳更為遒媚勁健。他書法的
傳世拓本還有《定慧禪師碑》，現保存在陝西戶縣草堂寺。米芾曾評價：
「裴休率意寫碑，乃有真趣，不陷醜怪。」(百度網頁：http://baike.baidu.
com/view/14751.htm)(引用日期：2016.617)。

14 全一卷(或作二卷)。全稱黃檗山斷際禪師傳心法要、黃檗禪師傳心法要、
斷際禪師傳心法要。黃檗希運（？－850）述。唐大中十一年（857）集
成。收於大正藏第四十八冊。本書名稱有廣狹二義：(一)狹義而言，即
指唐朝裴休（797－870）先後兩次於開元寺、龍興寺，從黃檗希運問法
之筆錄整理而成者。(二)廣義而言，即包含狹義之傳心法要與宛陵錄兩
書。宛陵錄係黃檗對裴休所說之法，而由後人收集而成者。本書堪稱臨
濟禪宗基礎思想之典籍，流行於國內與日本。（參閱《佛光大辭典》
14p5386。）

15 薑子夫：《禪詩精選》，北京：大眾文藝出版社，2005，頁76。

的法，其實無人可授。裴休於宛陵鐘陵皆得炙近黃檗希運禪師盡
傳心要，乃作傳心偈曰：

> 心不可傳。以契為傳。心不可見。以無為見。契亦無契。
> 無亦無無。化城不住。迷額有珠。珠是強名。城豈有形。
> 即心即佛。佛即無生。直下便是。勿求勿營。使佛覓佛。
> 倍費功程。隨法生解。即落魔界。凡聖不分。乃離見聞。
> 無心似鏡。與物無競。無念似空。無物不容。三乘外法。
> 曆劫希逢。若能如是。是出世雄。[16]

　　黃檗之禪法盛於江南，有《語錄》、《傳心法要》、《宛陵
錄》各一卷傳世。其弟子有睦州陳[17]、千頃楚南等十二人[18]，而以
臨濟義玄[19]最為傑出。

---

16 大正藏 No. 2076 景德傳燈錄 （卷 9）T51, p0273a。
17 （780－877）唐代僧人。黃檗希運禪師之法嗣。又稱道蹤。江南人，俗
　　姓陳。居睦州（浙江）龍興寺，晦跡藏用。常織蒲鞋，密置於道上，鬻
　　之以奉母。歲久，人知之，有陳蒲鞋之稱。學人來叩問，則隨問隨答，
　　詞語銳不可當。由是四方歸慕，號為陳尊宿。嘗接引游方修行中之雲門
　　文偃，而以痛罵「秦時䑛轢鑽」，傳為禪林佳話。唐乾符四年示寂，世壽
　　九十八。（《景德傳燈錄》卷十二、《五燈會元》卷四），頁 5537。）
18 杭州千頃山楚南禪師、福州烏石山靈觀禪師、杭州羅漢宗徹禪師、相國
　　裴休、揚州六合德元禪師、士門讚禪師、襄州政禪師、吳門山弘宣禪師、
　　幽州超禪師、蘇州憲禪師（大正新脩大藏經　第五十一冊　No. 2076《景
　　德傳燈錄》CBETA　電子佛典 T51n2076_p0289a23 -a28）。
19 臨濟義玄（？－867）臨濟宗之祖。唐代曹州（河南）南華人，俗姓邢。
　　幼負出塵之志，及落髮受具足戒後，便慕禪宗，初到江西參黃藥希運，
　　又禮謁高安大愚、溈山靈祐等。後還黃藥，受印可。宣宗大中八年（854），
　　至河北鎮州住於臨濟院，設三玄三要、四料簡等機法接引徒眾，更以機
　　鋒峭峻著名於世，別成一家，遂成臨濟宗。師接化學人，每以叱喝顯大
　　機用，世有「德山棒、臨濟喝」之稱。其對參禪行者極為嚴苛，然學徒
　　奔湊，門風興隆，為我國禪宗最盛行之一派。　　咸通八年四月示寂，

希運之禪法

　　希運從百丈懷海禪師學法，住洪州高安縣黃檗山（今江西省宜春市宜豐縣黃崗鄉境內），故稱黃檗禪師[20]。其弟子臨濟義玄，創建出中國禪宗最盛的臨濟宗一系。黃檗希運禪師以「般若為本、以空攝有、空有相融」的禪思，大弘禪法。他提倡的無心，「無心者，無一切心也。如如之體，內如木石，不動不搖；外如虛空，不塞不礙。無方所，無相貌，無得失。」[21]又說：「但能無心，便是究竟」[22]。黃檗希運也認為「性即是心，心即是佛，佛即是法。」，繼承了馬祖道一「即心即佛」的思想。

　　有一次，黃檗希運正登堂說法，聽者聞風而至，雲集法堂。希運禪師便問道「你們到此來尋求什麼？」突然站起來以杖趕之，但信眾堅持不走。希運禪師便坐回法座，向信徒說：「你們全都是瞳酒糟漢，怎麼能稱得上離鄉遠行，尋師訪友，求法證悟呢？真讓人取笑。不要見人多的地方就去，只圖熱鬧。老衲遠行參禪時，遇見一個草根的漢子，便錐了他頭頂看他有何感受，若有感覺，我將布袋內的米拿全部送給他。但不像你們想像那麼容易，否則今天的事就不會發生呢？所以自稱行腳僧者，必須牢牢

救諡「慧照禪師」。其語要由門人慧然編成鎮州臨濟慧照禪師語錄一卷。嗣法者有興化存獎、三聖慧然、灌谿志閑等二十二人，皆為宣揚祖風之佼佼者。〔臨濟慧照禪師塔記、宋高僧傳卷十二、景德傳燈錄卷十二、傳法正宗記卷七〕（參閱《佛光大辭典》p6509。）

20　《五燈會元》:「洪州黃檗希運禪師，閩人也。幼於本州黃檗山出家。額間隆起如珠，音辭朗潤，志意沖澹。後游天台逢一僧，與之言笑，如舊相識。熟視之，目光射人，乃偕行。屬潤水暴漲，捐笠植杖而止。」

21　大正新脩大藏經　第四十八冊　No. 2012A《黃檗山斷際禪師傳心法要》p0380a18(02) －a19(07)。

22　《黃檗山斷際禪傳心法要》,《大正藏》卷48，頁 382 下。

記住。你們可知大唐內現在沒有禪師嗎?」爾時某僧人問他:「現在諸長老皆聚於叢林弘佛教義,為什麼你卻說無禪師呢?」黃檗希運答道:「我的意思不是說無禪,只是說無師。你可知馬祖道一大師門下有八十四位弟子,真正得馬大師正法眼藏不過三人。」[23]希運對門人不斷提醒,勤修苦學,方有成就,《禪關策進》載:

> 黃檗對門人要求甚嚴,反覆開示眾僧,「下死志,做工夫」,「事怕有心人」。他嘗作一頌云:「塵勞迥脫事非常,緊把繩頭做一場。不是一番寒徹骨,怎得梅花撲鼻香?」其實,何止出塵之修須如此,做世間事業、學問亦莫不如是。參話頭,即看話禪,此禪修方便法亦為黃檗首創。晝參夜參,行住坐臥,著衣吃飯處,屙屎放尿處,心心相顧,猛著精彩。守個無字,日久月深,打成一片。忽然心花頓發,悟佛祖之機,不被天下老和尚舌頭瞞,便會開大口。其意為不解話頭,唸唸在茲,日久年深,自可開悟。黃檗此番拈提,開啟唐末、五代以來看話禪之風。明代高僧袾宏論曰:「此後代提公案、看話頭之始也。」[24]

中晚唐時代禪宗發展到黃檗希運十分興盛,因為馬祖道一、百丈懷海、青原行思、石頭希遷等大師們的弟子遍及各處。但為什麼黃檗希運卻說「無師」呢?其實他說大唐國內還沒有一個真正的禪師。他主要指出「宗派乃是人為的,各有各的體會」,禪卻到處都有,佛在每一人心中,主要靠自我領悟。希運常勸弟子要刻苦做工夫,不論 行住坐臥、阿屎放尿才可成功,認為事怕

---

23 大正新脩大正藏經 Vol. 48, No. 2012A《黃檗山斷際禪師傳心法要》。
24 【明】袾宏輯:大正新脩大藏經,第 48 冊 No.2024《禪關策進》(1 卷)。

有心人，他說：「塵勞迴脫事非常。緊把繩頭做一場。不是一翻
寒徹骨。爭得梅花撲鼻香。」正正道盡修行成功之秘缺。希運承
百丈懷海傳三子，即觀和尚、陳和尚和臨濟義玄，而臨濟義玄再
傳三子，即寶壽沼和尚、興化存獎和灌漢志閑，灌漢志閑再傳一
子，名後魯祖和尚。[25]

二、「即心即佛」與「心即是佛」

「心即是佛」是黃檗希運禪學特色之一，在後期禪宗「五家
禪」[26]中，臨濟宗禪風，最為盛行，闡釋禪意，不拘一格，觀念
迭出，影響深遠，滲透力強。臨濟禪法思想的直接源頭，可追溯
至黃檗希運禪師。而「即心是佛、無心是道」，雖非黃檗希運的
創見，然其詮釋豐富，觀念清晰。他的「即心是佛」、「無心是
道」的命題，讓人體驗如何認知本來之清淨心及心與性不異的看
法。《達摩血脈論》云：「即心是佛，亦復如是。除此心外終無

25 葛兆光釋譯、星雲大師總監修：《祖堂集》。台灣：佛光山宗務委員會
　　印行，1996，頁 298。
26 我國南宗禪各派之總稱。指為仰宗、臨濟宗、曹洞宗、雲門宗、法眼宗。
　　加黃龍與楊岐二派，則稱為七宗。禪宗自初祖菩提達磨五傳而至弘忍，
　　其下分北宗神秀與南宗慧能二派。北宗主漸悟，行於北地，並無分派；
　　南宗主頓悟，行於南方，盛於中唐以後，尤以慧能門下之南嶽懷讓、青
　　原行思二支，為唐末以降禪宗之主流，傳衍出五家七宗等派別，各樹獨
　　特之宗風。南嶽懷讓一支，至唐末有百丈懷海之下之為仰宗，及以大機
　　大用為禪風之臨濟宗，迨至石霜楚圓之下，乃有黃龍、楊岐之分立。黃
　　龍派甫現即衰，楊岐派則得北宋士大夫階層之歸依，至明末清初猶稱隆
　　盛。另青原行思一支以下，曹洞宗以兀坐及五味為禪風，其影響不若臨
　　濟宗。法眼宗於宋初得江南錢氏歸依，窮究公案，蔚成風氣。雲門宗則
　　承法眼之後，流行於江南，至北宋末年乃漸趨沒落。我國禪宗雖有上記
　　五家七宗之分，而旨歸不二，所異者唯宗風而已。（參閱《佛光大辭典》
　　「五家七宗」p1128。）

別佛可得；心即是佛，佛即是心；心外無佛，佛外無心。」[27]《祖堂集‧馬祖傳》 道一每謂眾曰：「汝今各信心是佛，此心即是佛心。」[28]《道一禪師塔鳴並序》道一常說：「佛不遠人，即心而證。」[29] 希運繼承馬祖道一的「即心即佛」，繼而力倡「無心是道」，進一步圓善「心佛一說」之思想。

（一）馬祖之「即心即佛」

馬祖禪法之「即心即佛」意指心性一如，佛性平等，自信自立，眾生若具此堅定的信念、信心，人格自立的思想基礎便穩固，這也是馬祖教導弟子修行之先決條件。馬祖對眾僧說：

> 汝等諸人各信自心是佛，此心即是佛心。達摩大師從南天竺國來，躬至中華，傳上乘一心之法，令汝等開悟，又引《楞伽經》文，以印眾生心地，恐汝顛倒不自信此心之法，各各有之。故《楞伽經》云：佛語心為宗，無門為法門。又云：夫求法者，應無所求。心外無別佛，佛外無別心。……故三界唯心[30]，森羅萬象，一法之所印。凡所見色，皆是見心，心不自心，因色故有。[31]

在這段話裏，馬祖引《楞伽經》為証，肯定「即心是佛」是

---

27 卍新續藏第 63 冊 No. 1218，《達磨大師血脉論》（1 卷）。

28 卍新續藏第 63 冊 No. 1218 《達磨大師血脉論》（1 卷）。

29 【宋】師明集：大正藏 X1318《續古尊宿語要》（6 卷）。

30 三界唯心：三界（欲界、色界、無色界）所有現象皆由一心之所變現。全稱三界唯一心。即心為萬物之本體，此外無別法，凡三界生死、十二緣生等諸法，實是妄想心所變作。

31 〈馬祖傳〉‧《景德傳燈錄》，《大正藏》卷 51，頁 246。

達摩所傳之上乘之法。眾生心具本然佛性，相信自心是佛，離此則無佛可言；世上的山河大地、日月星辰，都是自心或與他心共同變現，離此物質世界，也沒有自心，無菩提可證。其論証的推理過程是：諸法無自性空，求法者應無所求，三界唯心，心性平等，即事即理，任運無礙。這樣自心與佛心無異、佛與世間萬有相互融通，皆是「一心之所印」是也。然而，文中所引《楞伽經》只取其大義而非原文。馬祖認為三界唯心，心即是佛，直顯心性宗之義趣。宗密法師稱馬祖的洪州禪為「顯示真心即性教」；太虛則稱他為「法界圓覺宗」；印順視為「真常唯心論」。馬祖的特色在於用中國化的方式彰顯大乘佛教之精神，故容易被人受落。

　　「即心即佛」是馬祖直接繼承及發揮禪宗祖師之理論，而非他獨創的。初祖達摩曾在《二入四行論》說：「深信含生同一真性。但為客塵妄想所覆不能顯了。若也捨妄歸真。凝住壁觀。無自無他。」[32]；二祖慧可說：「曰今見和尚。已知是僧。未審何名佛法。曰是心是佛。是心是法。法佛無二。僧寶亦然。」[33]；四祖道信提出：「佛是自心作得。因何離此心外覓佛。前佛後佛只言其心。心即是佛。佛即是心。心外無佛。佛外無心。若言心外有佛。佛在何處。心外既無佛。何起佛見。遞相誑惑。」[34]；五祖弘忍依《金剛經》發揮「即心即佛」之思想。即心即佛即不問。非心非佛事如何。師曰。昨日有僧問。老僧不對。「曰未審與即心即佛。相去多少。師曰。近則千里萬里。遠則不隔絲

32《卍新纂續藏經》第六十三冊 No. 1217《菩提達磨大師略辨大乘入道四行觀》，頁 0001a21（03）-0001a23（01）。
33《卍新纂續藏經》第八十五冊 No. 1594《佛祖綱目》，頁 0601a07（04）-0601a08（00）。
34《卍新纂續藏經》第六十三冊 No. 1218《達磨大師血脈論》，頁 0002b11（04）-0002b12（02）。

毫。」[35]；六祖慧能直指眾生心即佛心。《正法眼藏》載：「六祖謂眾曰。諸善知識。汝等各各淨心聽吾說法。汝等諸人自心是佛。更莫狐疑。外無一物而能建立。皆是本心生萬種法。故經云。心生種種法生。」[36]

馬祖不但繼承了達摩以來明心見性之思想，而更強調自心清淨、不假外求、自成佛道等內在體驗之重要性，使「心」與「佛」、「佛」與「我」融為一體，這正是禪宗之真髓所在。「即心是佛」之命題，更著重於內轉、內修，把主體及個體之道德性彰顯出來，成就完美的人格。馬祖也善用因材施教之技巧，凡對向外求佛之眾生皆說「即心是佛」，對執實我、實法的眾生則說「非心非佛」。

（二）希運之「心佛一說」

希運的「心即是佛」「無心是道」、實為「心佛一說」，表明佛與眾生，唯是一心，更無差別。是心即佛、心即是佛。無論凡夫心、佛心，其心之體與佛無異，此心即是佛。眾生只要息除煩惱妄念，即能體會本源清淨之心，故說「心即是佛」，「佛即是心」。希運從本體上的終極層面來說此心，蓋佛與眾生息息相關，相互對立而言，眾生因煩惱束縛而名眾生，若眾生解除煩惱，即名諸佛，他取了禪宗的「煩惱即菩提」之概念而引申「心即是佛」、「佛即是心」之道理。將佛與眾生收歸為一，從本體的角度拉近雙方的距離，打破兩者的隔閡，形成萬法歸一的「心佛一說」。此外，希運又運用大乘空宗的八不概念，否定對立，從而

35《卍新纂續藏經》第八十二冊 No. 1571《五燈全書》，頁 0085b22（00）-0085b24（00）。

36《卍新纂續藏經 第六十七冊》No. 1309《正法眼藏》，頁 0608a22（00）-0608a24（01）。

界定心之本體不能光用世間名言等所能表達。故言此心，無形無相、非長非短、不生不滅、非大非小……，本體之心乃精神實體，恆常存在，本體即當體，眾生妄念息就能把捉本心，不然窮盡畢生之形壽，亦不可得。反之，若眾生能體會此心，當即成佛。他以虛空來作比喻，茫茫天際，廣闊無邊，虛空本來如是，不為日出而變得光亮，也不為日落而變得陰暗，其性廓然不變，本無雜壞。一如修六度萬行，積河沙功德，而成就果位，本無次第，一心可得，他認為眾生著相修行而得其功用，皆與佛道相違，未能體會「即心是佛」。《黃檗山斷際禪師傳心法要》載：

> 師謂休曰。諸佛與一切眾生。唯是一心。更無別法。此心無始已來。不曾生不曾滅。不青不黃。無形無相。不屬有無。不計新舊。非長非短。非大非小。超過一切限量名言縱跡對待。當體便是。動念即乖。猶如虛空無有邊際不可測度。唯此一心即是佛。佛與眾生更無別異。但是眾生著相外求。求之轉失。使佛覓佛。將心捉心。窮劫盡形終不能得。不知息念忘慮佛自現前。此心即是佛。佛即是眾生。為眾生時此心不減。為諸佛時此心不添。乃至六度萬行河沙功德。本自具足不假修添。遇緣即施。緣息即寂。若不決定信此是佛。而欲著相修行以求功用。皆是妄想。與道相乖。此心即是佛。更無別佛。亦無別心。此心明淨。猶如虛空無一點相貌。舉心動念即乖法體。即為著相。無始已來無著相佛。修六度萬行欲求成佛。即是次第。無始已來無次第佛。但悟一心。更無少法可得。此即真佛。佛與眾生一心無異。猶如虛空無雜無壞。如大日輪照四天下。

日升之時明遍天下。虛空不曾明。日沒之時暗遍天下。虛
空不曾暗。明暗之境自相陵奪。虛空之性廓然不變。佛及
眾生心亦如此。若觀佛作清淨光明解脫之相。觀眾生作垢
濁暗昧生死之相。[37]

　　他認為眾生不能了悟此心，蓋行者執著有相而修行，不向內
尋，只管追逐外境，終不可得此心，亦非正確的菩提法，實與正
道背道而馳。又說，修行者供養十方諸佛菩薩，不及供養一位了
悟此心之人——無心修行者。《黃檗山斷際禪師傳心法要》載：

如今學道人。不悟此心體。便於心上生心。向外求佛。著
相修行。皆是惡法。非菩提道。供養十方諸佛。不如供養
一個無心道人。何故。無心者無一切心也。如如之體。內
如木石不動不搖。外如虛空不塞不礙。[38]

　　希運又說，法即心，心即法，心外法外，無法無心，能了悟
此心，證悟此境，必須做到心行滅處，言語道盡。又言，此心乃
各個眾生本然具有之清淨佛性，《黃檗山斷際禪師傳心法要》載：

此法即心。心外無法。此心即法。法外無心。心自無心。
亦無無心者。將心無心。心卻成有。默契而已。絕諸思議。
故曰言語道斷心行處滅。此心是本源清淨佛。人皆有之。

---

37 《大正新脩大藏經》第四十八冊 No. 2012A《黃檗山斷際禪師傳心法要》
　　p0379c18(00)－p0380a12(03)。

38 《大正新脩大藏經》第四十八冊 No. 2012A《黃檗山斷際禪師傳心法要》
　　p0380a14(08)－a19(07)。

蠢動含靈與諸佛菩薩一體不異。[39]

　　從體性而言，愚動眾生與諸佛菩薩，蓋無異處。此段意思，表達一切眾生皆有佛性之說。又說，只要直下無心，體性自顯，一如太陽高掛當空，無處不明，照耀十方，了無障礙。故修道之人，應該了解見聞覺知之見解、動念、覓心，皆非即非離，非住非著之心法，如是理解者，即是本法真義。……故知修行佛法之人，所證之法，實不可得，唯無所有，亦無所得，無所依處，亦無所依，在這種思維上，不起它物，不著它想，不起對立，不著所得之下，才能證悟無心之真義，成就勝義諦。《黃檗山斷際禪師傳心法要》載：

　　但直下無心。本體自現。如大日輪昇於虛空遍照十方更無障礙。故學道人唯認見聞覺知施為動作。空却見聞覺知。即心路絕無入處。但於見聞覺知處認本心。然本心不屬見聞覺知。亦不離見聞覺知。但莫於見聞覺者上起見解。亦莫於見聞覺知上動念。亦莫離見聞覺知覓心。亦莫捨見聞覺知取法。不即不離。不住不著。縱橫自在無非道場。世人聞道。諸佛皆傳心法。將謂心上別有一法可證可取。遂將心覓法。不知心即是法法即是心。不可將心更求於心。歷千萬劫終無得日。不如當下無心。便是本法。[40]

39　《大正新脩大藏經》第四十八冊　No. 2012A《黃檗山斷際禪師傳心法要》p0380b12(01)－b15(01)。

40　《大正新脩大藏經》第四十八冊 No.2012A《黃檗山斷際禪師傳心法要》p0380b28(05)－c10(05)。

「見聞覺知處認本心。然本心不屬見聞覺知。亦不離見聞覺知。」這種句式，又像大乘空宗：「佛說般若波羅蜜，即非般若波羅蜜，是名般若波羅蜜。」、「若見諸相非相，即見如來，不可以身相得見如來。」這豈不是《金剛經》的思維方式？故知希運之《傳心法要》又滲入了這類空宗的味道。見聞覺知帶有個人的主觀成見，而遮蔽了本源清淨之心，如能「直下無心」消除偏執，則本心自能重現。

希運指出本心與見聞覺知有不可分離之關係，見聞覺知雖非本心，然不可離見聞覺知去覓求本心。行者若不著境取相，又能悟此種「不即不離」之關係，則起心動念，皆能自由無礙。其與《六祖壇經‧定慧品》：「真如自性起念，六根雖有見聞覺知，不染萬境，而真性常自在。」有相同之妙。依達摩《二入四行論》以觀，「理入」部分謂：「理入者，謂藉教悟宗，深信含生凡聖同一真性，但為客塵妄想所覆，不能顯了。」[41]

希運又說，修行人欲達佛境，必須念念以無相無念，以無求之念，心自不生，以無著之念，心自不滅。要之，不著一切法，一切法本無生滅。離煩惱即離一切法，離一切法即能成佛。蓋凡夫以境心而生，道人以心而不能捨，兩者放下，達至心境兩忘，才能得知其真意所在，入涅槃勝地。這又像禪宗《六祖壇經》云：

> 一切修多羅及諸文字。大小二乘十二部經。皆因人置。因智慧性方能建立。若無世人。一切萬法本自不有。故知萬法本自人興。一切經書因人說有。緣其人中有愚有智。愚為小人智為大人。愚者問於智人。智者與愚人說法。愚人

---

41 日‧柳田聖山：《禪の語錄 1：達摩の語錄》。東京：筑摩書房，1969，頁31。

忽然悟解心開。即與智人無別。[42]

　　希運再三強調，佛出世度生，以一乘佛法為主，雖說方便三
乘法門，實乃非真實道，欲得佛地，必須契悟離言說法。《黃檗
山斷際禪師傳心法要》載：

> 如來現世。欲說一乘真法則眾生不信興謗。沒於苦海。若
> 都不說。則墮慳貪。不為眾生溥捨妙道。遂設方便說有三
> 乘。乘有大小。得有淺深。皆非本法。故云。唯有一乘道
> 餘二則非真。然終未能顯一心法。故召迦葉同法座別付一
> 心。離言說法。此一枝法令別行。若能　契悟者。便至佛
> 地矣。[43]

　　希運的「心佛一說」，指出心與佛，心與法，皆是一體，《黃
檗山斷際禪師傳心法要》載：

> 佛與眾生無異相。生死與涅槃無異相。煩惱與菩提無異相。
> 離一切相即是佛。[44]

　　蓋凡情所執，起種種差別而蒙蔽本來清淨之心，障礙知見。
修行者若捨棄有心有執、有求有著、凡聖淨穢、生死涅槃、煩惱

42　《大正新脩大藏經》第四十八冊　No. 2008《六祖大師法寶壇經》
　　　p0351a03(05)－　a07(05)。

43　《大正新脩大藏經》第四十八冊　No. 2012A《黃檗山斷際禪師傳心法要》
　　　p0382b03(05)－b09(00)。

44　《大正新脩大藏經》第四十八冊　No. 2012A《黃檗山斷際禪師傳心法要》
　　　p0381a18(04)a19(06)

菩提等邊見，主客雙泯，心境俱忘，如是無心，必能成佛。

希運的「心佛一說」思想，是依照他的主張「心即是法，法即是心」，常用棒喝等方法，其後的臨濟禪風，蓋源於此。《楚石梵琦禪師語錄》載：

> 一日辭欲禮拜馬祖去。丈云。馬祖已遷化也。檗云。未審馬祖。有何言句。丈遂舉再參因緣云。我當時被馬祖一喝。直得三日耳聾。黃檗聞舉。不覺吐舌。百丈云。 子已後莫承嗣馬祖否。檗云不然。今日因師舉。 得見馬祖大機之用。且不識馬祖。若嗣馬祖。已後喪我兒孫。妙喜云。 百丈被喝。直得三日耳聾。黃檗聞舉。不覺吐舌。百丈疑其承嗣馬祖。後因臨濟三度。問佛法大意。三度打六十棒。便與三日耳聾出氣。臨濟始覺如蒿枝拂相似。[45]

希運的本源清淨心，說明一但摒除妄念當下見性，具禪門以實踐為本的特徵。他提出學道與證心都是禪門創新論點。而他的教化方法，以語言行動兼備，具辯證思維。至於修行方法，從日常生活中領悟，以平常心處理世間事情。希運教化方式多以人之根器為本，將個別眾生獨有的特質加以啟迪，以成就人間成佛的現實性。

三、結　論

希運的「心即是佛」及「無心是道」，反映其對般若的融攝，企圖會通佛性涅槃，將其二者融為一體——「心佛一說」，這正

---

45 明遠等編：卍新纂續藏經 第七十一冊 No. 1420《楚石梵琦禪師語錄》，X71n1420_p0601b19(05）－p0601c 02(04)。

正是他創新的禪學特色。希運的「心即是佛」也好，「無心是道」也好，明確地表現出自由自在、無著無住之圓陀禪境——即世而出世，其禪法特色，影響久遠，成為中國禪宗滲透力最強的宗派。希運在中國禪宗史上的地位不僅在於他是洪州禪的繼承者，更重要的是他的禪法直接影響了臨濟禪的形成，是臨濟法門的先驅。希運的禪法除了刻苦力學、捧喝禪機，當下了悟之外，最重要的是，他常從勝義諦的角度排斥一切執著，以「無心」等語排遣所執，對於經教常作為一種手段，故禪門常言「不立文字」，視經教為工具，猶如以指指月，勸人勿執指為月。又跟隨希運在黃檗山門下學人常達千餘眾，他深得馬祖、百丈洪州禪法之精髓，以單刀直入，棒擊喝問，語勢兼用，又因勢創新，開啟其後之臨濟宗風。

四、評　價

　　歷代僧俗對希運的評價甚高，據《仰山慧寂禪師語錄》載，為山曾問仰山云：「馬祖出入十四人善知識，幾人得大機，幾人得大用？仰山答曰：『百丈得大機，黃檗得大用，餘者儘是唱導之師。」[46]《人天眼目》卷一載：「日後義玄初至河北住院，便公開宣稱：我欲于此建立黃檗宗旨。」[47]明代高僧袾宏論曰：「此後代提公案、看話頭之始也。可見其在禪宗史上的地位。裴休的評價是：希運之上乘禪法，離文字，唯傳一心，心體空寂，淨無纖埃。」近代著作對希運禪學的評價都是正面的，茲列數位：

　　日人柳田聖山評說：「馬祖以後的禪認為，人們全部的日常

46　中華藏　(C)第 77 冊　No.1710，《古尊宿語錄》，卷 2。
47　徐孫銘、何雲：禪宗宗派源流。中國社會科學出版社，1998。

生活都有真理與價值，其中必然含有對人世的深刻反省，這種觀點的深處，實際上已經存有人文意識。」[48]意味希運的禪法繼承馬祖之禪學特色──以人為本。

印順法師認為，禪宗確屬唯心論，即使有「心亦不可得」、「一心不生」、「無心」等語句，也不會改變其唯心論之立場。[49]雖然是「唯心」，但仍不礙與「般若」之契合，慧可視為無相之也。

近人臺灣學者鄧克銘評說：「整體而言，希運的禪學仍延續前人的見解，所論雖非完全創新的觀念，但禪之本旨是在生命之提昇與解脫，並不在思想學說之創新。……希運對本心與無心之詮解，具有豐富的內容，對了解禪宗之心體觀有重要的貢獻，至今仍有不可磨滅的地位。」[50]

臺灣學僧釋悟玄的論文〈臨濟宗黃檗希運的禪學思想〉評語是：「黃檗禪根據禪人修行實際，從哲學史、佛教史、思想史上作了一次總結和概括，而確立了人格範疇。這種人文意識是通過自我來表現人的本來面目，也要具備一定的修養、意蘊、功力，禪悅境界的獲致，是主體把握了內心，直覺了悟而付有艱苦的代價所獲得的成果。」[51]

北京人民大學溫金玉教授在〈黃檗希運及其禪法〉指出：「在

48　柳田聖山著、毛丹青譯：《禪與中國》。台北：桂冠圖書出版，1992，頁155。

49　釋印順：《〈禪宗是否真常唯心論〉・無諍之辯》臺北：作者自行出版，1976，頁171-174。

50　鄧克銘：〈即心是佛、無心是道：唐代黃檗希運禪師之心體觀〉，臺大佛學研究・第二十二期民100年12月，臺北：臺灣大學文學院佛學研究中心，頁32。

51　釋悟玄：〈臨濟宗黃檗希運的禪學思想〉。網址：http://www.perfect.org.tw/selection9_12.html。

後期禪宗五家禪中，臨濟宗風最為強勁，無論是接化學人，還是闡釋祖意，均新意迭出，不拘成規。其禪法特色，影響久遠，成為中國禪宗中波及面最大。」[52]

　　希運所言的心，非凡非聖，他指的心是念念相續，念而不執念，則是聖；若執於念、住念，其念則凡，離主客情執，而悟當下之心。希運的「即心是佛」、「無心是道」的「心佛一說」，明確地指出修行的方法和解脫的依據。希運的「無心」實指無分別之心，眾生本具之心——佛性，蓋眾生被煩惱障礙，而起種種分別，故不得其性。他所說學法即無一法可得，「無心」是要當下體悟及離一切言語文字，他說，道在心，離言說。從本質而言，他的禪法即般若實相。總之，那管是「即心」、「無心」，其立場皆是遣相蕩執、無執無證。

---

52 溫金玉：＜黃檗希运禅师及其禅法＞。網址：http://www.ichanfeng.com/news/tianxiazongfeng/2015/0612/731.html。

略談八指頭陀的詩歌特色

摘　要

　　八指頭陀的詩歌，論禪悟則「禪中有詩，詩中有禪」；論梅花則「高風亮節，借梅抒懷。」論古韻則「放任自然，悠閒恬適」；論愛國則「義憤填膺，憂國憂民。」……其詩意境之幽冷，造語之奇崛，刻苦之吟章，可以清楚感覺到沒有刻意的雕琢和塗飾。其風格獨特，筆調清新，需有晚唐「郊寒島瘦」之氣，仍有個人卓然有成的格局。文辭精整，沉練深厚，意蘊高妙，詩作甚豐，成為他創作詩歌的藝術特色，也成為頭陀生活的一部份。後世追評其詩為「吐語高絕非常人所能逮。」是近代之一代禪僧。

　　關鍵詞：八指頭陀　愛國詩僧　白梅和尚　禪僧

一、生　平

　　八指頭陀，俗姓黃，名讀山，法號敬安，字寄禪，生於 1851 年（清・咸豐二年），卒於 1912 年（民國元年）。湖南湘潭縣人氏，世居石潭鎮（今楊家橋鎮）銀湖村，務農為業，父名黃宣杏，母親胡氏，篤信觀世音菩薩，夢蘭而生，方髫齡時，隨母拜月持素，喜談佛道。八指頭陀出生寒素，際遇坎坷，童年充滿苦難，七歲母逝，十二歲父喪，少時為鄰村牧牛為生，其餘兄弟寄養於祖父家中。他十一歲曾入私塾讀書。一日，放牛中遇雨，暫避村

中，從室內傳來周雲帆學生唸誦唐詩的讀書聲「故關衰草遍，離別正堪悲。路出寒雲外，人歸暮雪時。少孤為客早，多難識君遲。掩淚空相向，風塵何處期？[1]聞至「少孤為客早」句，淚如雨下，私塾周雲帆老師同情其遭遇，乃收留他在家中掃地煑飯，閒時教他讀書識字。無奈好景不常，不久，私塾老師過世，他只好到別家當書童，常遭呵責，終日忙於接待，無暇讀書，更不時被鞭打，曾昏倒數次，於是決定離開那屈辱之處，再另覓手藝工作。

　　1868 年（同治七年），一日見籬笆雪白的桃花為風摧敗，散滿地上，心中有感，至親雙亡，人間火宅，不宜久留，痛哭流涕，感慨非常，遂萌出塵之想，終在 18 歲那年遂投湘陰縣法華寺削髮為僧，從東林和尚為師，法號敬安[2]。同年冬，在南嶽祝聖寺從賢楷律師受具足戒。受戒後，他往衡州岐山仁瑞寺從恒志禪師參禪，隨眾聽法，並充任苦行僧一職，漸對佛理有所知曉。出家後在仁瑞寺，五年過著清修苦行的生活，寄禪禪師曾於阿育王寺燃二指供佛，故自號八指頭陀。時於寺中有維那師精一喜賦詩吟詞，寄禪不以為然，並視之為世諦法，不太欣賞，一笑置之，還譏諷嘲笑精一說：「出家人不勤於修行，以期早日了脫生死，哪有時間去吟詩，荒廢道業?」精一笑答:「你現在還很年輕，能精進用功，一定成法門龍象，教內大德，只是文字般若與你緣分不大。」這番話刻印在寄禪深處。

　　1871 年（同治十年），寄禪回岳陽探望舅父，順遊岳陽樓，並隨師參加佛界詩僧研討會，時各地名僧如恆志、精一等名詩僧亦列席巴陵（今岳陽）。爾時僧人在樓中忙於分韻賦詩，他頓時環顧四周，面對一碧萬頃，波光粼粼的洞庭湖，感慨萬千，自

1　盧綸：〈送李端〉，《唐詩三百首》。
2　八指頭陀，〈《詩集》自述〉，梅季點輯，《八指頭陀詩文集》，頁 453。

然吟詠出「危樓百尺臨江渚,多少遊人去不回,今日扁舟誰更上?
洞庭波送一僧來。」[3]回去後,寄禪把詩唸給詩人郭菊蓀聽,當
時郭菊蓀認為他的詩句是神來之筆,勸寄禪習詩學,並親授《唐
詩三百首》。自此,他勤習詩歌。日後,寄禪常作出塵詩,以表
心跡,例如〈落花詩〉云:「紅桃紫杏滿山窠,鬥艷爭妍一剎那;
悟得人生皆夢幻,從茲清磬念彌陀。」

　　1877 年,寄禪參禮寧波阿育王寺佛舍利後,為表決心,他於
佛前燃二指供佛,並吟〈自笑詩〉一首:「割肉燒燈供佛勞,可知
身是水中泡;只今十指唯餘八,似學天龍吃兩刀。」寄禪求師若
渴,他在〈岐山感舊詩〉序言中寫道:「余以同治戊辰,問道岐
山,初聞志老人說法,如日照高山,大喜溫身。」足見他求知若
渴,遇得甘霖的愉悅心情。他在詩中更寫道:「弱齡喜聞道,遙
禮岐山師,千里懷耿介,中心如渴饑……」。

　　1902 年(光緒二十八年),寄禪專注行菩薩道,積極弘法利
生。其時,寧波名剎天童寺方丈一席懸空,首座和尚幻人親率兩
序趕赴長沙禮請寄禪出任住持,寄禪允諾,請辭上林寺改任天童
寺住持。天童寺自明末密雲禪師掌管以來,規模宏大,為叢林中
之楷模。清末後,人材凋零,寄禪繼任以來,破舊立新,起用賢
能,肅修清規,且實行夏講冬禪,致使宗風大振。

　　1912 年(民國元年),山河大變,國運動盪,人心惶惶,各
地廟產遭受搶掠,寄禪對苦難眾生及佛教安危深切關懷,同年四
月,各地寺院代表聚於上海靜安寺開會,公推寄禪為中華佛教總
會會長,並向南京政府提出保護寺產的要求,更往北京與內務部
司長禮俗據理力爭,可惜話不投機,不歡而散,其後又遭會員淩

3　八指頭陀〈游岳陽樓〉,梅季點輯,《八指頭陀詩文集》。長沙:岳麓書
　　社,1990。(本文引用八指頭陀詩均參考此集。)

辱,憤而退會,回法源寺,豈料一病不起,含恨而終,世壽六十
二,僧臘四十五。法徒道階等奉龕南歸,葬於天童寺前青龍崗冷
香塔苑。

詩 歌

(一) 禪 悟

　　八指頭陀自開始寫詩就與詩歌結下不解之緣,禪與詩對他來
說已融為一體,禪中有詩,詩中有禪。茲舉數例,以茲證明:

> 欲覓三乘法,來參一指禪。人天開覺路,衣缽得真傳。
> 水到源頭活,山從雨後妍。拈花曾示我,微笑證前緣。

──〈登嶽麓山呈笠雲長老〉

> 階下綠痕綠,庭前草色青。禪心自清靜,世事付蒼冥。
> 入定猿知護,談經鶴解聽。蒲團人坐久,問法欲忘形。

──〈題笠公禪房〉

> 禪宮寂寂白雲封,枯坐蒲團萬慮空。
> 定起不知天已暮,忽驚身在明月中。

──〈出定吟〉

> 　其　一
>
> 古洞雲深別有天,偶攜僧侶此安禪。
> 數椽茅屋牽蘿補,一枕寒松伴鶴眠。

習定每從岩腹內，生涯盡在钁頭邊。
山居寂寞無煩惱，火種刀耕效昔賢。

——〈山居二首〉

其　二

一住深山便學呆，通身有口也難開。
著衣吃飯成多事，嘯月吟風自少才。
掃地每嫌黃葉落，閉門常怕白雲來。
惟將小境勤磨拭，不肯輕輕受點埃。

——〈山居二首〉

階下綠痕綠，庭前草色青。
禪心自清靜，世事付蒼冥。
入定猿知護，談經鶴解聽。
蒲團人坐久，問法欲忘形。

——〈題笠公禪房〉

蘭若凝禪寂，柴門鎮日關。
定中惟見水，身外忽忘山。
神理雖自悟，太虛寧可顏。
了然清淨義，不在言語間。

——〈宴坐有得〉

　　八指頭陀的禪詩往往表達靜思的意境空寂，心境內外契合無間，詩禪融為一體，渾然無別，心靈解放，能體驗出心境閒適，

精神充實。山水詩作的禪趣，更體驗出頭陀空山寧謐的韻味，他擅寫幽夜禪意及頓悟之語句。且看以下詩句：

> 萬木森寒入翠微，飄然鶴髮久忘機。
> 溪聲畢竟無今古，山色何曾有是非？
> 澗草自迷遊客屐，岩花時落坐禪衣。
> 問師何代天臺住？手種青松已十圍。

——〈題天臺十甲子老僧坐禪處〉

> 紫雲最高處，飛錫共登臨。
> 秋老山容瘦，天寒木葉深。
> 西風孤鴻唳，流水道人心。
> 坐久林塘晚，寥寥鐘梵音。」

——〈暮秋偕諸子登衡陽紫雲峰〉

> 舊院安禪處，經年錫一臨。
> 欲斷溪澗水，去聽海潮音。
> 白髮憐師老，青山恨別深。
> 空門本無我，那有去來心。

——〈將之南海賦別〉

> 高臺寒雪曉相過，愛看松枝掛碧蘿。
> 珍重枯禪勤護惜，念庵手植已無多。

——〈高臺寺觀念庵松〉

勝侶忽相引，扁舟泛碧湖。

江山今古在，身世水雲孤。

法樂自清妙，禪心寧有無。

愛茲泉石好，還約飯秋菰。

——〈四月十六陪茗香翁湘綺先生泛舟碧湖〉

　　山水澄明，鳥語花香，禪與境合，境因禪生，成為修行者陶冶性情，修習禪定的福地。他踏遍了名山大川，留下大量與佛教的詩稿，散發著天地之禪意，滲透著自然景觀，以詩寄禪，詩神合一，成為他創作詩歌的藝術特色，也成為頭陀生活的一部份。

（二）應　酬

　　八指頭陀晚年詩風受漢魏六朝派之詩所影響，詩風顯然產生了變化，應酬及仿古詩作品激增。酬贈詩有：

故人獨我厚，相見每依依。嗜左近成癖，論詩真入微。

雖云罹憂患，長下讀書幃。努力青雲器，休言與世違。

——〈贈饒十三〉

陳侯亦洒落，對酒每高歌。好客黃金盡，論交白髮多。

雲深三楚樹，夢遠九江波。乘興且行樂，浮生能幾何。

——〈贈陳伯嚴〉

得句何須手八叉，南州名久籍京華。

喜來古寺瞻靈鷲，閒立斜陽數暮鴉。

詩思近迷湘渚草，夢痕寒繞上林花。

春來又動探梅興，童子提壺兩髻丫。

——〈贈徐郎中樹鈞〉

老作諸侯客，高懷與眾殊。

隨身一劍在，對酒片雲孤。

白社歸何晚，青山看欲無。

年來翻愛靜，時與道人俱。

——〈贈饒文卿〉

繁華事散鬢如絲，萬里青山獨往時。

一種風情誰得似，嶺南爭唱荔枝詩。

——〈贈璧臣居士〉

　　八指頭陀晚年多了酬贈詩作，相對地七律作品相繼減少，這與詩社社員交往頻密有關，而所酬酢作品亦具得體。

(三) 仿　古

獨居殊寡歡，緩步出郊坰。春陽布微和，柳色縈新青。

良辰入懷抱，清賞臨湖亭。啓戶縱曠覽，開襟襲芳馨。

棲煙鳥鳴條，潛波魚躍萍。興洽樂不淺，慮淡神愈甯。

遠岫斂夕景，澄潭浴繁星。眷念林壑美，願言屢重經。

——〈初春游碧湖亭〉

莊生解齊物，老氏貴葆真。人生一世間，渺若陌上塵。

放曠聊自適，懷抱日以新。茅屋四五間，取足蔽吾身。

飛沉有定理，焉用勞心神。不知養生術，徒嚥華池津。

——〈擬陶〉

八指頭陀寫古詩的放任自然，悠閒恬適，頗與陶潛胸懷自在，超然物外之隱居生活相似。頭陀詩風帶有煙霞色彩，給人情意淡悠，猶如人間仙境。

（四）梅　花

宋以來，梅花被喻為威武不屈、堅貞不二、貧賤不移，代表理想完美人格。他以梅喻其遭遇寒苦、報春救世。八指頭陀受宋之詠梅詩影響，著梅詩於世，尤獨愛白梅，人稱「白梅和尚」，以梅寄情，托物興懷。八指頭陀因桃花而開悟，因梅花而證道，參枯木禪之意。清末民初，與八指頭陀齊名之詩友樊樊山以寫紅梅著稱，伏雛則以綠梅知名，江湖號稱「白梅和尚」、「紅梅布政」、「綠梅公子」一時傳為佳話。為寫盡梅花之潔，「白梅和尚」將梅的冷與瘦發揮到淋漓盡致，為中國文學開闢了一種新的境界。

八指頭陀深愛梅花，故詠梅之作不少，並以白梅自命，一身冷香，曾出版《嚼梅吟》、《白梅集》，譽滿中華，其體驗的情感獨特，自成一格。他擅長寫梅影來塑造藝術形象，來營造空靈的美境，來揭示梅花的神韻，來展示梅花的神秘。梅有多色，八

指頭陀獨鍾情於白梅。蓋白梅恬淡而高潔，樸素而孤直。其詩作〈答夏公子二絕句〉可見一斑。

　　梅之清瘦為頭陀所偏愛，其寓意為孤高，展現梅的清高品格；而頭陀寫枯梅則凸顯它的氣節，寧死不屈。在八指頭陀的詩作〈月下對梅〉、〈白梅詩〉可見一、二。八指頭陀寫梅的橫斜、高枝及梅影的姿態，活靈活現。梅本無情，詩由心生，無疑反映了詩人的內心感受，憑詩寄意，深深表達對社會時局的情懷。

　　八指頭陀咏梅多與月、雪、水拉上關係，且看《薄暮吟》等。他寫梅花之美，多寄意於孤高亮節、景物相融，以契合禪意，意境幽絕，含蘊生趣，表達對生命無限的情懷。詩中蘊含孤芳自賞及傲世意味，同時亦散發出頭陀的氣慨與胸懷格調。八指頭陀的詠梅詩通過梅花寄喻其心旨，為近代少有之詩僧，茲錄數首：

　　其　一

　了與人境絕，寒山也自榮。孤煙淡將夕，微月照還明。
　空際若無影，香中如有情。素心正宜此，聊用慰平生。

——〈白梅詩五首〉

　　其　二

　一覺繁華夢，性留淡泊身。意中微有雪，花外欲無春。
　冷入孤禪境，清如遺世人。卻從煙水際，獨自養其真。

——〈白梅詩五首〉

　　其　三

　寒雪一以霽，浮塵了不生。偶從溪上過，忽見竹邊明。
　花冷方能潔，香多不損清。誰堪宣淨理，應感道人情。

——〈白梅詩五首〉

其　四

積雪皓初晴，探尋策杖行．寒依古岸發，靜覺暗香生。
瘦影扶煙立，清光背光明．無人契孤潔，一笑自含情。

——〈雪後尋梅〉

垂釣板橋東，雪壓蓑衣冷。江寒水不流，魚嚼梅花影。

——〈題寒江釣雪圖〉

鐘梵晚蕭蕭，山廚歎寂寥。夜泉和月煮，野菜帶雲挑。

——〈自遣〉

久坐寒燈暗不明，林鐘敲盡更無聲。
惟余一樹梅花月，猶照枯禪午夜清。

——〈寒夜對梅〉

野徑斜雲上綠苔，經過此地不勝哀。
千年感慨遺湘水，萬古離騷識楚才。
澤畔行吟還憶昨，庭前諫草已成灰。
我來濁世懷高潔，不奠黃花酒一杯。

——〈九日過屈子祠〉

　　八指頭陀以梅喻其遭遇寒苦、報春救世，以梅喻其遺世獨立、
傲視名利，以梅喻其堅貞不渝、高風亮節，借梅抒懷，情感豐富，
以梅寄情，情願在溪邊林下與青松翠竹為友，孤高自賞，不願作

名利之事，作為僧人卻憂國憂民，不絕於紅塵，可謂身在佛堂，心在朝堂。

（五）思　鄉

1884 年，八指頭陀得聞法國軍艦襲擊台灣、福建，心火內焚，無法入眠，心繫家鄉。1894 年，他大病初愈，趕回長沙，探望甲午戰爭倖存的同胞，並悲壯吟下詩句：「一紙官書到海濱，國讎未報恥收兵。回看部卒今何在？滿目新墳是舊營。」1900 年，八國聯軍侵略中國，在北京上海等多個城市燒殺搶掠。他聞知此事，心急如焚，含淚寫下「強鄰何太酷，塗炭我生靈。北地嗟成赤，西山慘不青。陵園今牧馬，宮殿只飛螢。太息盧溝水，惟餘戰血腥」的詩句，可見他對家鄉，甚或國家的關懷。茲錄數首，以茲證明：

> 步出城西門，高墳何累累。
> 年深墳土裂，白骨委蒿萊。
> 墳傍哭者誰，雲是白骨兒。
> 生既為死泣，死亦待生悲。
> 哀哉億千劫，無有淚絕時。

——〈詠懷詩十首其四〉

> 弱齡逢喪亂，田園逐蕭條。
> 坐為衣食故，豪門屈見招。
> 顧無五門祿，甯折壯士腰。
> 拂衣謝城闕，高步凌風霄。

金仙雖雲遠，靈鷲尚岧嶤。
超然方外遊，永用泯塵勞。

——〈詠懷詩十首其五〉

去歲展先塋，路棲桑樹邊。
村老向我言，此桑齊汝年。
汝父昔在時，耕此桑下田。
人牛今無跡，茲意復誰憐。
感此不能語，涕下如流泉。

——〈詠懷詩十首其六〉

最苦清明三月天，懷鄉心事倍淒然。
不知故里雙親墓，又是何人挂紙錢？

——〈清明傷懷〉

　　八指頭陀的思鄉作品多以個人身世感懷為主，字字有淚，令
人痛悲。作品直抒己見，含意雖淺，唯情感真摯，感人肺腑。晚
年他的詩藝更含蓄隱約、更抑鬱深沉。

（六）愛國詩

　　國運動盪，山河變色，華夏哭泣，八指頭陀以悲憤心情對國
家所遭不幸，寄以無限之哀思。1906 年（光緒三十二年），並發

表演說：「蓋我國以二十二省版圖之大，四萬萬人民之眾，徒以熊羆不武，屢見挫於島鄰。」、「富國強兵，興利除弊」「習革舊習，激發新機」、「平生憂國淚，多少在朝衣」、「甯堪憂國淚，忽上道人襟。」茲錄數詩以證：

聖教久陵替，邪說亂吾真。神珠不自識，魚目爭為珍。
海若揚洪波，毘嵐鼓劫塵。五洲一腥垢，萬古同酸辛。
哀哉閻浮提，誰為覺斯民？

——〈古詩八首其六〉

我不願成佛，亦不樂生天。欲為娑竭龍，力能障百川。
海氣坐自息，羅剎何敢前！髻中牟尼珠，普雨粟與棉。
大眾盡溫飽，俱登仁壽筵。澄清濁水源， 共誕華池蓮。
長謝輪迴苦，永割生死纏。吾獨甘沈溺，菩提心愈堅。
何時果此誓？舉聲涕漣漣。

——〈古詩八首其七〉

鳳凰巢欲墮，燕雀暮何安？
燃眉時已急，奮迅不容閑。

——〈書胡志學守戎牛莊戰事後五絕句〉

時事已如此，神州將陸沉，
甯堪憂國淚，忽上道人襟。

——〈 感事呈葉吏部 〉

不醉黃花酒，甯知白首心？

自憐憂國淚，空灑道人襟。

——〈得陽前三日登掃葉樓有感〉

八國聯軍侵華，在各處劫掠，他義憤填膺。八指頭陀耿潔精勤具有民族氣節的愛國者，詩曰「高樓回首望中原，滿目河山破碎痕」。他外恨帝國主義無理侵略，內痛封建統治者辱國喪權，故其詩中充滿了憂國憂民的情懷。

二、詩歌的評價

太虛在《海潮音》更寫了一首〈八指頭陀二十周年紀念有感〉的詩，歌頌對師父的功德：「自古三湘烈士多，千秋浩氣壯山河。佛門也有幹成將，衛教捐軀戰勝魔。」[4]

王闓運評他的詩為「能為島瘦，不能為郊寒。」其詩意境之幽冷，造語之奇崛，刻苦之吟章，茲舉數例：

　幽　冷：

那堪一錫飛來日，正是千山葉落時。

客舍荒涼共誰語？秋心唯有菊花知。

——〈客秋感懷〉

---

[4]　釋太虛《海潮音》卷十三，1921。

十年瓶缽走天涯，兩鬢蕭蕭感歲華。

老去身常如槁木，寒來骨欲變梅花。

───〈書懷〉

奇 崛：

池魚晨聽梵，山鬼夜敲門。

破屋牽蘿補，微陽透納溫。

───〈山居四首之二〉

丹桂吹香過碧岑，蒲團枯坐夜禪深。

殘星墮戶白生室，秋鬼提燈綠入林。

萬壑松寒孤鶴夢，千巖月落一猿吟。

超然象外忘言說，唯有虛空印我心。

───〈夜坐有得〉

苦 吟：

四山寒雪裏，半世苦吟中。

須易根根斷，詩難字字工。

心肝徒自嘔，言論有時窮。

寂寂平生事，蕭然傳夜鐘。

───〈對雪書懷〉

十年成一律，五字得長城。

轉念心何苦！微吟淚即傾。

───〈詩興〉

　　葉德輝説：「其詩宗法六朝，早者亦中晚唐人之作。中年以後，所交多海內文人，詩格駘岩，不主故常，頗乎有與鄧（白香）王（湘綺）犄角之意。湘中固多詩僧，以予所知，未有出於寄師者也。」[5]

　　印光大師：「詩等金聲玉振，永為苦海之慈航，尚期親證圓通，追踪先覺，急宜復入娑婆了願來。」[6]

　　昱山贊曰：「曹溪一滴味親嘗，曾歷諸山遍舉揚。詩學才優追杜聖，禪機悟徹貫泉王。」[7]

　　王樹海説：「詩與禪結緣，禪與詩聯姻，受益不止禪門，它同時也給詩灌注了新的活力，且在詩風的影響方面具有某種革命意味，使本來就以簡潔見長的傳統詩歌更趨洗煉精萃。禪門得詩又使詩的園地憑添作品，盡管人們喜愛、理會的程度或深或淺，禪詩畢竟也是一樹如夢如幻的花朵。」[8]

　　周裕鍇：「……詩和禪在價值取向、情感特徵、思維方式和語言表現等各方面有着極微妙的關係……也成為通詩於禪的內在機制。」[9]

　　梁啟超：「我國佛教界中第一流人物。」[10]

　　大醒法師在《八指頭陀評傳》，並題詩二首讚美八指頭陀：「吾愛頭陀意，慈悲何太深！毫無私己處，惟有利人心。弘法宣禪偈，憂時作詩吟。那堪思往事，荊棘滿叢林！」、「大法垂危

5　《八指頭陀詩集・序》。
6　印光大師著《印光大師文鈔續編》卷下。
7　昱山《寄公紀念偈》，《海潮音》，1923，頁159。
8　王樹海《禪魄詩魂》，北京：知識出版社，2000，頁629。
9　周裕鍇《中國禪宗與詩歌》，上海：人民出版社，1992，頁298。
10　梁啟超《飲冰室詩話》。

久，其如眾目盲。心勞三十載，淚灑萬千行！殉教亡身後，梅花冷骨香。我今對遺像，一見一神傷！」[11]

程頌萬說：「寄公出示《白梅詩》卷，予評其『意中微有雪，花外欲無春』為梅之神，『澹然於冷處，卓爾見高枝』為梅之骨，『偶從林際過，忽見竹邊明』為梅之格，『孤煙淡將夕，微月照還明』為梅之韻，『淨姿寧遜雪，冷抱尚嫌花』為梅之理，『三冬無暖氣，一悟見春心』為梅之解脫。寄公大喜，囑予志之。予又以『人間春似海』一首為諸詩之冠，不可摘句讚之。詠梅至此，可謂獨擅千古。」[12]

鄭文焯說：「讀梅詩，益服骨力奇高，神旨孤潔，是能為梅花別開一徑，絕不墮宋人詩禪惡趣。」[13]

俞明震說：「古今詠梅名句，如『枝高出手寒』、『雪後園林才半樹』、『江邊一樹垂垂發』，均從側面取神，他如『疏影橫斜』、『香中別有韻』諸詩，未能超脫。甚矣！為梅寫照之難也。戊戌居長沙，寄師走訪，出所詠《白梅詩》三首，讀至『意中微有雪，花外欲無春』二語，將梅花全神寫足，驚為絕唱。二語得之禪悟，脫去尋常蹊徑，詠梅得此觀止矣！」[14]

胡飛鵬曾在〈題頭陀嚼梅吟稿跋〉中，讚其詩：「如滿山梅雪間，清磬一聲，迴絕凡響。絕次之律，更逼近唐人，於島佛尤似。」[15]

---

11 釋敬安《八指頭陀詩文集》，嶽麓書社，1984，頁 544。
12 八指頭陀，〈《詩集》自述〉，梅季點輯，《八指頭陀詩文集》，頁 537。
13 譚桂林談〈八指頭陀的詠梅詩〉，南嶽佛教網。網頁：http://blog.sina.com.cn/s/blog_71d15eec0101d4p7.html（引用日期：2016.11.6）
14 譚桂林談〈八指頭陀的詠梅詩〉，南嶽佛教網。網頁：http://blog.sina.com.cn/s/blog_71d15eec0101d4p7.html（引用日期：2016.11.6）
15 八指頭陀，〈《詩集》自述〉，梅季點輯，《八指頭陀詩文集》，頁 531-2。

三、結　論

　　明末以來，耿潔精勤，熱愛國家，詩作豐盛的詩僧寥寥可數。在八指頭陀的詩集內，字裡行間，可見到其憂國憂民，其詩振聾發瞶，甚具教育意義。自鴉片戰爭之後，列強入侵，政治腐敗，朝野烏煙瘴氣，民不聊生。他感人間痛苦，故精全神貫注救世。他在《題石濤所畫老樹枯禪圖》批評漠不關心人世的焦芽敗種，詩言「末劫刀兵苦事叢，瘡痍滿目盡哀鴻；阿師若具慈悲力，何忍低眉坐樹中。」

　　歷經磨練，大器晚成，八指頭陀的詩自然成熟，深湛豐富，作品多樣，風格獨特，筆調清新，須有晚唐「郊寒島瘦」之氣，仍有個人卓然有成的格局。文辭精整，沉練深厚，意蘊高妙，詩作甚豐。八指頭陀的詩藝：禪詩，通過實修禪修體驗，觀照宇宙生命，反映於詩境中，達到詩禪合一的境界，禪中有詩，詩中有禪，餘韻無窮；愛國詩，率直坦蕩，憂國憂民，反映詩人心中對當權者喪權辱國，導致國家淪亡，深感痛惜，在〈感事呈葉吏部〉五言詩中寫道：「時事已如此，神州將陸沉，甯堪憂國淚，忽上道人襟。」以抒愛國的熱情；山水詩，在華夏歷史悠久，壯麗秀美，他的山水詩透露對鄉土的情懷，顯現出對禪修的體會詠梅詩，八指頭陀常以梅花作喻，他的詠梅詩膾炙當時，堪稱獨步。他展述梅花渾脫超絕，獨標新義。寒意峭然，甚或孤傲峻厲，森冷逼人，其神韻可用潔、冷、瘦三字概括之。

　　八指頭陀情感純真，具平等無我的胸懷，為佛教造就一位出具體形象的詩僧！後世追評其詩為「吐語高絕非常人所能逮。」、

「絕去塵俗，天然為真妙諦。」可見其在詩壇地位之高崇。八指頭陀承先啟後，繼承了中國山水詩的優良傳統，並結合佛理禪修，自成一格，為後世文學與佛學留下的豐富的遺產。

人間佛教與生活禪

——茶禪一味

摘　要

　　「茶」本為南方嘉木，相傳神農氏嚐百草，以茶能解毒，故被譽為珍品，茶亦因此而聞名於天下。中國是茶的故鄉，原始社會便發現和利用茶作食用、藥用的，飲用則是後來的事。唐朝茶與佛教禪宗之關係，相互影響，不可分割。禪宗以坐禪修心為主，值此摒除煩惱，專心一致，以達至寂靜之境。在日常生活中，修行者須注意「五調」，即調食、調眠、調息、調心及調身五種，而調眠與茗茶關係密切。飲茶令人和諧、專心、清明；參禪講求修心、靜慮、安心，兩者同為進求至高平靜的心靈境界，故值得探究。

　　關鍵詞：禪茶　茶道　禪修　茶禪一味

一、緒　言

　　《六祖壇經》曰：「佛法在世間，不離世間覺。離世覓菩提，恰如尋兔角。」已明言禪在生活，禪在人間。生活禪強調淨化社會人心，即是將佛法融於生活上，從日常生活中體驗、修行而達至覺醒。

　　生活禪者，即禪與生活兩者之融和，息息相關，反映二者的

實在性、超越性及普遍性，天地上下一切現象無不具備禪的足跡，無論山水河川、草木花果、風雨雷電、日月星辰……都隱藏著禪的元素，並能從生活中體驗禪之精神、意境而趨向智慧的圓滿人生——涅槃。

「茶」本為南方嘉木，相傳神農氏嚐百草，以茶能解毒，故被譽為珍品，茶亦因此而聞名於天下。中國是茶的故鄉，原始社會便發現和利用茶作食用、藥用，飲用則是後來的事。飲茶的起源，至今仍爭論未定，根據清人顧炎武《日知錄》記載：「自秦人取蜀，而後始有茗飲之事。」推測始於戰國末期。至西漢王褒《僮約》[1]寫定於西元前五十九年，算起來中國的飲茶歷史已逾二千年，記有「烹茶盡具」、「武陽買茶」，足以證明西漢飲茶有史可據。[2]《太平御覽》對飲茶的記載甚多，茲舉數則：

> 《桐君錄》：巴東別有真香茗，煎飲令人不眠。
> 晉郭璞《爾雅》注說：樹小如梔子，冬生，葉可煮作羹飲。
>
> 《南齊書》曰：武帝遺詔：靈坐勿以牲為祭，惟設餅果茶飯酒脯而已。

---

1 《僮約》，是王褒的作品中最有特色的文章，記述他在四川時親身經歷的事。神爵三年（西元前 59 年），王褒到「煎上」即渝上（今四川彭州市一帶）時，遇見寡婦楊舍家發生主奴糾紛，他便為這家奴僕訂立了一份契券，明確規定了奴僕必須從事的若干項勞役，以及若干項奴僕不准得到的生活待遇。這是一篇極其珍貴的歷史資料，其價值遠遠超過了受到漢宣帝讚賞的《聖主得賢臣頌》之類的辭賦。在《僮約》中有這樣的記載：「膾魚炰鱉，烹茶盡具」；「牽犬販鵝，武陽買茶」。這是我國，也是全世界最早的關於飲茶、買茶和種茶的記載。
2 丁以壽《農業考古》，1999 年第 2 期，頁 120-125。

《唐史》曰：風俗貴茶，茶之名品益眾。劍南有蒙頂石花，或散牙，號為第一。湖州顧渚之紫筍，東川有神泉昌明、硤州有碧澗、明月房、茱萸寮，福州有方山之生牙，夔州有香山，江陵有南木，湖南有衡山，嶽州有灂湖之含膏，常州有義興之紫筍，婺州有東白，睦州有鳩坑，洪州有西山之白露，壽州有霍山之黃芽。蘄門〈月團〉，而浮梁之商貨不在焉。

《廣雅》曰：

荊、巴間採茶作餅成，以米膏出之。若飲先炙，令色赤，搗末置瓷器中，以湯澆覆之，用蔥、薑芼之。其飲醒酒，令人不眠。

《博物志》曰：飲真茶，令少眼睡。

《神農食經》曰：茶茗宜久服，令人有力悅志。

《雲南記》曰：名山縣出茶，有山曰蒙山，聯延數十里，在縣西南。

《拾道志》尚書所謂蔡蒙旅平者，蒙山也，在雅州，凡蜀茶盡出此。

《魏王花木志》曰：茶葉似梔子，可煮為飲。其老葉謂之荈，細葉謂之茗。

杜育《荈賦》曰：

調神和內，倦解慷除。[3]

據丁以壽考究，中國飲茶方法不外四種方式，即煮、煎、點、泡四種。漢魏六朝尚煮茶法，隋唐尚煎茶法，五代宋尚點茶法，元明清尚泡茶法。[4]

二、茶禪淵源

茗茶與參禪早於魏晉時期在江淮以南寺廟已有尚茶的文化。據封演的《封氏聞見記》所載：

開元中，泰山靈岩寺大興禪教。學禪務於不寐，又不夕食，唯許飲茶，人自懷夾，到處煮飲，從此轉相仿效，遂成風俗。[5]

又《宋錄》：

新安王子鸞、豫章王子尚詣縣濟道人於八公山，道人設茶茗。子尚味之曰：此甘露也，何言茶茗？[6]

---

3 【宋】李昉《太平御覽‧飲食部二十五卷》，頁 867。
4 丁以壽《農業考古》，1999 年第 2 期，頁 120-125。
5 【唐】封演《封氏聞見記》卷六〈飲茶〉。臺北：新文豐出版公司，1983。
6 陸羽《茶經‧〈七之事〉》卷下。

陸羽《茶經・七之事》引釋道說：《續名僧傳》：

> 宋釋法瑤姓楊氏，河東人。永嘉中過江，遇沈台真，請真
> 君武康小山寺，年垂懸車，飯所飲茶。永明中，敕吳興禮
> 致上京，年七十九。[7]

以上說明，僧人飲茶作為養生保健之法。飲茶令人和諧、專心、清明；參禪講求修心、靜慮、安心，兩者同為追求至高平靜的心靈境界。茶被視為與禪宗追求之境界相似，層次分明，故有「禪茶一味」流傳至今。禪宗需要用茶輔助修行，於是飲茶之風盛行，也促進當時的茶業發展。

三、茶禪一味

盛唐時期，國力強勁，經濟繁榮，為佛道與茶道之文化提供了良好的發展機遇。茶道借佛道而繁榮，佛道依茶道而昌盛，兩者相互兼容，延攬了許多清修有識之僧才，他們以茶道講佛法，得到當時皇家子弟欣賞，對於推廣佛法，可謂功不可沒。僧人在清修過程中，茶既可以靜神思、解乏，又能在寒夜添增幾分溫暖與慰藉，真正在茶道中體驗佛道。

茶之禪學意境始於唐代法海禪師[8]之「茶禪一味」之語。茶不但可養生提神，而且禪宗將茶作為修道之方法，通過茗茶體會禪

---

7 陸羽《茶經・〈七之事〉》卷下。
8 法海禪師是唐代名相裴休之子，俗名裴文德。其父裴休宰相，字公美，唐代濟源地方裴村人。出身名宦之門，世代奉佛。

修，將茶滙入修證體系，從而展現禪之生命境界。茶給人的印象是清虛恬淡，格調高雅，自古以來，文人賢士，山僧墨客都非常鍾情此道，蓋品茗者皆能感受喝茶中的一份和寂泰然，平靜閒適之感。唐朝茶道盛行，寺院道觀多立於叢林野嶺，林木遍地，頗為清幽。僧道時於法事中場休息飲茶，既能提神，又可解渴，故有「寺必有茶，僧必善茗。」佛教禪宗歷有禪師借茶說法，接引眾生。史載趙州禪師主張道法自然，禪法不離生活，以茶喻禪，因機施教，教學活潑。禪門公案禪僧以茶喻禪，多不勝數，茲舉數例：

（一）趙州[9]「吃茶去」

趙州「吃茶去」是禪林法語，也是著名的茶文化典故。時有行腳僧人慕名來找趙州從諗禪師[10]，求教開悟之道。《禪宗頌古聯珠通集》載：

---

9 位於河北省西部之都市，即趙縣。隋謂趙郡，唐名趙州，宋名慶源府，元稱趙州而為首邑。其地形，西為太行山脈，前臨河北平原，自古即為軍事要地。唐末大中年間，有南泉普願之法嗣趙州從諗以趙州為中心，大振南宗禪風。（見《佛光大辭典》〔景德傳燈錄卷十、宋高僧傳卷十一、聯燈會要卷六、五燈會元卷四、佛祖歷代通載卷十七〕p5934。）

10 （778－897）唐代禪僧。曹州郝鄉（一說青州臨淄）人，俗姓郝。法號從諗。幼年於曹州扈通院（一說青州龍興院）出家，受具足戒前，即往池陽參謁南泉普願，南泉深器之。復往嵩山琉璃壇受戒，尋返南泉，依止二十年。其後，歷參黃檗、寶壽、鹽官、夾山、五臺等諸大德。八十歲時，眾請住趙州城東觀音院，四十年間，大揚禪風。師夙居北地，振南宗禪，常私淑三祖僧璨之信心銘，玄言遍天下，其問答、示眾等公案，如「狗子佛性」、「至道無難」等語俱膾炙人口。昭宗乾寧四年示寂，世壽一百二十。敕諡「真際大師」。著有真際大師語錄三卷。（見《佛光大辭典》〔景德傳燈錄卷十、宋高僧傳卷十一、聯燈會要卷六、五燈會元卷四、佛祖歷代通載卷十七〕p5934。）

趙州問新到。曾到此間麼。曰曾到。師曰。喫茶去。又問
僧。僧曰。不曾到。師曰。喫茶去。後院主問曰。為甚麼。
曾到也云喫茶去。不曾到也云喫茶去。師召院主。主應喏。
師曰。喫茶去。……趙州問新到。曾到此間麼。曰曾到。
師曰。喫茶去。又問僧。僧曰。不曾到。師曰。喫茶去。
後院主問曰。為甚麼。曾到也云喫茶去。不曾到也云喫茶
去。師召院主。主應喏。師曰。喫茶去。[11]

　　趙州禪師問其中一人曾來此否？答曰：未曾有，趙州禪師命
他吃茶去。又再問另一僧曾來此地否？答曰：曾來，趙州禪師也
命他吃茶去。隨身監院甚感疑惑，連忙問師父，為何兩個都叫他
吃茶去？趙州禪師突然喊了一聲監院的名字，監院應聲答應，趙
州禪師同樣讓監院吃茶去。對於這段公案，柏林禪寺裏「禪茶一
味」碑記中以「新到吃茶，曾到吃茶，若問吃茶，還是吃茶」的
十六字加以概論。對於新到、曾到和監院三個人，讓他們統統吃
茶去，以茶接人，以茶開示，道出了趙州禪師的心印受法，來開
化學人，千年以來禪林中人譽為「趙州茶」。趙州茶禪往後產生
法語詩句之多，實目不暇給，可參見《卍新纂大日本續藏經》[12]，
茲列一、二，以供參考：

　　頌　曰

趙州有語喫茶去。天下衲僧總到來。
不是石橋元底滑。喚他多少衲僧回。

──（汾陽昭）

---

11 卍新纂大日本續藏經，第 65 冊 No.1295，禪宗頌古聯珠通集（40 卷）。
12 卍新纂大日本續藏經，第 65 冊 No.1295，禪宗頌古聯珠通集（40 卷）。

見僧被問曾到此。有言曾到不曾來。
留坐喫茶珍重去。青煙時換綠紋苔。

——（投子青）

趙州有語喫茶去。明眼衲僧皆賺舉。
不賺舉未相許。堪笑禾山解打鼓。

——（雲峯悅）

曾到還將未到同。趙州依舊展家風。
近來王令關防緊。從此人情總不容。

——（佛印元）

趙州驗人端的處。等閒開口便知音。
覿面若無青白眼。宗風爭得到如今。

——（黃龍南）

一甌茶自振家風。遠近高低一徑通。
未薦清香往來者。誰諳居止院西東。

——（照覺總）

此間曾到不曾到。人義人情去喫茶。
院主不知滋味好。却來爭看盞中花。

——（佛國白）

叢林宗匠實難加。臨事何曾有等差。
任是新來將舊住。殷勤只是一甌茶。

——（正覺逸）

三等擎甌禮數全。一般平挹更無偏。
石橋破院無珍味。且夾油麻一例煎。

——（佛慧泉）

寶匣龍泉發夜光。寥寥長掛在虛堂。
四來高客如相訪。茶罷休勞話短長。

——（大溈秀）

趙州喫茶話。自古至及今。
雲開終始口。難保歲寒心。

——（雲蓋智）

相逢盡道喫甌茶。大抵風流出當家。
休問曾到未曾到。自有行人滿路誇。

——（踈山常）

驪珠絗纇玉無瑕。馬載驢馱帝子家。
曾到不曾休擬議。與君同泛一甌茶。

——（羅漢南）

箇中滋味若為論。大展家風說早春。
三度口行人事了。這回莫道不沾唇。

——（佛鑑懃）

趙州一甌茶。驗盡當行家。
一期雖自好。爭免事如麻。

——（龍門遠）

趙州滋味最為親。覿面承當有幾人。
三度傳來親切處。馨香滿口又全真。

——（楚安方）

三等接人喧海宇。一茶驗客播叢林。
高山流水深深意。不是子期誰賞音。

——（雲巖因）[13]

趙樸初居士曾為此一公案題了一偈曰：「七碗受至味，一壺得真趣。空持百千偈，不如吃茶去。」果有異曲同工之妙。以茶度人，以茶入禪，從修行落實到生活中。

（二）皎　然[14]

皎然，唐代著名的詩僧，是南朝大詩人謝靈運的十世孫，愛茶如命，時與茶聖陸羽詩文酬贈，並提倡「以茶代酒」的品茗風氣。時人將陸羽築亭、顏真卿命名題字與皎然賦詩，稱為「三絕」。佛教禪宗強調以坐禪方式徹悟自己的心性，禪宗寺院十分講究飲

13 卍新纂大日本續藏經，第 65 冊 No.1295，禪宗頌古聯珠通集（40 卷）。
14 皎然，唐朝詩僧，字清晝，俗姓謝，湖州長城卞山（今浙江長興）人，唐朝僧人，世居吳興，文章雋麗。其人好茶，悟得「三飲得道」，中年以後隱居家鄉杼山妙喜寺（今湖州妙西）修行佛法，與陸羽有交往。其文之後，又參與顏真卿《韻海鏡源》之編纂，韋應物很稱讚他。著有《皎然集》（《杼山集》）十卷《詩議》、《詩評》。又編著《詩式》五卷、《詩論》等。

茶。皎然善烹茶，作有茶詩多篇，以茶入禪。《宋·高僧傳》載：

> 釋皎然。名晝。姓謝氏。長城人。康樂侯十世孫也。幼
> 負異才性與道合。初脫羈絆漸加削染。登戒于靈隱戒壇
> 守直律師邊聽毘尼道。特所留心於篇什中。吟詠情性。
> 所謂造其微矣。文章俊麗。當時號為釋門偉器哉。[15]

唐代茶道興起，因而推動形形色色茶宴活動，將品茶、飲饌與禪宗修行結合，成為當時修行人之風氣，皎然是中國茶文化推動者，對茶禪文化作出了貢獻。茲錄其作品如下：

贈韋卓陸羽

只將陶與謝，終日可忘情；不欲多相識，逢人懶道名。

他知足常樂，以韋卓、陸羽相識足矣，不往此生，性情率真，坦然無悔。皎然雖長年隱居草堂，但常與僧俗雅士交往，而與高士往來的媒介不離談論茶與禪。他與陸羽在妙喜寺整理茶事資料，協助陸氏撰寫茶經，兩人因此成了知交，40 年友誼永固，佛緣高情，生死相知，進入超然境地，堪稱千古奇聞。

又如：

九日與陸處士羽飲茶

九日山僧院，東籬菊也黃；俗人多泛酒，誰解助茶香。

---

15 T50n2061_029 宋高僧傳 第 29 卷，頁 0891c23。

　　詩人久別重逢，與文人騷客賞菊品茶，泛舟江湖，尋山訪寺，過著無憂無慮的生活，可謂人生一樂事！其詩作與茶禪有關者多不勝舉，例如：

訪陸處士羽

太湖東西路，吳主古山前。所思不可見，歸鴻自翩翩。
何山嘗春茗，何處弄春泉。莫是滄浪子，悠悠一釣船。

對陸迅飲天目山茶因寄元居士晟

喜見幽人會，初開野客茶。日成東井葉，露采北山芽。
文火香偏勝，寒泉味轉嘉。投鐺湧作沫，著碗聚生花。
稍與禪經近，聊將睡網賒。知君在天目，此意日無涯。

晦夜李侍御萼宅集招潘述、湯衡、海上人飲茶賦

晦夜不生月，琴軒猶為開。城東隱者在，淇上逸僧來。
茗愛傳花飲，詩看卷素裁。風注高此會，曉景屢裴回。

飲茶歌送鄭容

丹丘羽人輕玉食，採茶飲之生羽翼。
名藏仙府世莫知，骨化雲宮人不識。
雲山童子調金鐺，楚人茶經虛得名。
霜天半夜芳草折，爛漫緗花啜又生。

常說此茶祛我疾，使人胸中盪憂栗。

日上香爐情未畢，亂踏虎溪雲，高歌送君出。

飲茶歌誚崔石使君

越人遺我剡溪茗，採得金芽爨金鼎。素瓷雪色飄沫香，何似諸仙瓊蕊漿。一飲滌昏寐，情思爽朗滿天地；再飲清我神，忽如飛雨灑輕塵；三飲便得道，何須苦心破煩惱。此物清高世莫知，世人飲酒多自欺。愁看畢卓甕間夜，笑向陶潛籬下時。崔侯啜之意不已，狂歌一曲驚人耳。孰知茶道全爾真，唯有丹丘得如此。

　　皎然淡泊名利，坦率豁達，嗜好品茶，生活簡單，卻是皎然養生的秘訣。皎然是這一時期茶文學創作的能手，俗人尚酒，而識茶香的皎然似乎獨得品茶三昧。他推崇飲茶，強調飲茶不僅可除病解憂，而且會踏雲而去，羽化飛升。

（三）靈　一[16]

〈與元居士青山潭飲茶〉

野泉煙火白雲間，坐飲香茶愛此山。

---

16 靈一（727-762），俗姓吳，廣陵（今江蘇揚州）人。約唐代宗廣德中前後在世，九歲出家，十三削髮。初師揚州法慎，後居若耶溪雲門寺，又徙杭州宜豐寺。禪誦之餘，輒賦詩歌，與李華、朱放、李紓、張繼、皇甫冉、張南史、嚴維等為塵外之交，講德論道，朗詠終日，酬和甚多。終於杭州龍興寺，獨孤及為撰塔銘。有《靈一集》一卷。《全唐詩》編詩一卷。

嚴下維舟不忍去，青溪流水暮潺潺。

這首詩〈與元居士青山潭飲茶〉就是靈一禪師與信徒元居士遠離塵喧，在青山綠水聽著清澈的泉水，看著山間雲霧繚繞，飲茶論道，自能朝逐野鳥，暮伴白雲。出家人遠離塵世，過著閑雲野鶴的生活，借茶論道，從中體會禪的深意。

（四）蘇　軾[17]

參寥上人初得智果院，會者十六人，
分韻賦詩，軾得心字

涨水返舊壑，飛雲思故岑。念君忘家客，亦有懷歸心。
三間得幽寂，數步藏清深。攢金盧橘塢，散火楊梅林。
茶筍盡禪味，松杉真法音。雲崖有淺井，玉醴常半尋。
遂名參寥泉，可濯幽人襟。願君更小築，相攜橫嶺上，
未覺衰年侵。歲晚解我簪。一眼吞江湖，萬象涵古今。

蘇軾對儒、道、佛三家思想也是兼收並蓄、融會貫通，其作品不自覺地把禪思佛性滲透其中，而且用超然曠達的心態去體悟

---

17 蘇軾（1037-1101），字子瞻，又字和仲，號鐵冠道人、東坡居士，世稱蘇東坡、蘇仙。漢族，眉州眉山（今屬四川省眉山市）人，祖籍河北欒城，北宋著名文學家、書法家、畫家。嘉祐二年（1057），蘇軾進士及第。宋神宗時曾在鳳翔、杭州、密州、徐州、湖州等地任職。元豐三年（1080），因「烏台詩案」受誣陷被貶黃州任團練副使。宋哲宗即位後，曾任翰林學士、侍讀學士、禮部尚書等職，並出知杭州、潁州、揚州、定州等地，晚年因新黨執政被貶惠州、儋州。宋徽宗時獲大赦北還，途中於常州病逝。宋高宗時追贈太師，諡號「文忠」。 為「唐宋八大家」之一。蘇軾亦善書，為「宋四家」之一；工于畫，尤擅墨竹、怪石、枯木等。有《東坡七集》、《東坡易傳》、《東坡樂府》等傳世。

人生，茶詩中的禪意，任運隨緣，圓融無礙，展示茶詩清新的空靈詩境。禪宗的思維方式對蘇軾影響尤其深遠。蘇軾被貶黃州後，經歷人生磨難，茶與禪之詩作不絕。他的茶詩中空寂豁達，可謂「一花一世界，一葉一如來。」詩中指出茶中有禪，禪茶一味。禪茶之道在於悟，能悟則禪無所不在，清淨心境則自然而生。

（五）唐・劉得仁[18]

慈恩寺塔下避暑

古松凌巨塔，修竹映空廊。竟日聞虛籟，深山只此涼。
僧真生我靜，水淡發茶香。坐久東樓望，鐘聲振夕陽。

作者通過松、竹、廊、塔的荒涼，在靜寂的情景，心境平靜，才能細味茶的香氣，才能體會禪之境界，故有禪鐘的聲響震破夕陽之妙喻。

（六）宋・陶穀《清異錄・晚甘侯》[19]

晚甘侯十五人，遣侍齋閣。此徒皆乘雷而摘，拜水而和，蓋建陽丹山碧水之鄉，月澗雲龕之品，慎勿賤用之。

其意是：以十五塊茶餅奉贈先生享用，茶餅產自建陽丹山碧水之鄉，終年澗水長流，白雲出沒的好地方。每當春雷滾滾，春

---

18 劉得仁，唐朝時期作家生卒年均不詳，約唐文宗開成中前後在世。相傳他是公主之子。長慶中，即有詩名。自開成至大中四朝，昆弟以貴戚皆擢顯位，獨得仁出入舉場三十年，竟無所成。得仁著有詩集一卷，《新唐書藝文志》傳於世。
19 「晚甘」指後來回甘強烈，美味無窮之意。「侯」乃尊稱。

雨潤如酥之時，加以採摘製作。茶餅蘊含了天地之間的和氣，正氣，是尊貴如王侯，回甘強烈，美味無窮的好茶。千萬不要隨便對待他們。自古才子愛佳人，從來雅士尚品茶。以人喻茶，比比皆是。其餘以茶入禪者之作品不勝枚舉，舉例如下：

唐・曹松[20]〈宿溪僧院〉

少年雲溪裏，禪心夜更閑。煎茶留靜者，靠月坐蒼山。
露白鐘尋定，螢多戶未關。嵩陽大石室，何日譯經還。

唐・皇甫曾[21]〈送陸鴻漸山人采茶回〉

千峰待逋客，香茗復叢生。採摘知深處，煙霞羨獨行。
幽期山寺遠，野飯石泉清。寂寂燃燈夜，相思一磬聲。

元・馬臻[22]〈竹窗〉

竹窗西日晚來明，桂子香中鶴夢清。

---

20 曹松（828-903），唐代晚期詩人，字夢徵。舒州（今安徽桐城，一今安徽潛山）人。生卒年不詳。早年曾避亂棲居洪都西山，後依建州刺史李頻。李死後，流落江湖，無所遇合。光化四年(901)中進士，年已 70 餘，特授校書郎（秘書省正字）而卒，曹松為詩，學賈島苦吟，工五言律詩，煉字琢句，取境幽深。

21 皇甫曾，生年不詳，貞元元年（785）卒。字孝常。潤州丹陽（今江蘇省鎮江市丹陽市）人。天寶十二年（758）進士。歷官侍御史，因事貶舒州司馬，官至陽翟縣令。出王維之門下，皇甫善詩，當時比張氏景陽、孟陽雲。高仲武評其詩「體制清潔，華不勝文」。《全唐詩》存其詩 48 首，大曆十才子之一。今有詩一卷。

22 馬臻（1254-？）元人，字志道，號虛中，錢塘（今屬浙江）人。少慕陶弘景之為人，著道士服，隱居西湖之濱。工畫花鳥山水。善詩，多豪逸俊邁之氣。著有《霞外詩集》、《圖繪寶鑒》卷五、《武林玄妙觀志》卷三、《元詩選·初集》小傳、《元書》卷九一等。

侍立小童閒不動，蕭蕭石鼎煮茶聲。

王昌齡[23]〈題淨眼[24]師房〉

白鴿飛時日欲斜，禪房寂曆飲香茶。
傾人城，傾人國，斬新剃頭青且黑。
玉如意，金澡瓶，朱唇皓齒能誦經。
吳音喚字更分明。日暮鐘聲相送出，
袈裟掛著箔簾釘。

宋·曾幾〈煎茶〉

貧中有佳設，石鼎事煎烹。顧渚草芽白，惠山泉水清。
酌多風可御，薰歇霧猶橫。飲罷妻孥笑，枯腸百轉鳴。

中國佛教傳統文化不離於禪，它是中國佛教之特質，也是組成中國傳統文化之重要原素。茶與禪雖屬兩種文化，同中有別，別中有同，可說是非一非異，不即不離，而融茶禪於一味，開演中國一代茶禪新風。茶禪文化可以興、觀、群、怨，小則怡情，可促進友誼；大則養性，能淨化人心，啟迪智慧，是我國優秀文

---

23 王昌齡（698年－756年），字少伯，山西太原人[，盛唐著名詩人。他的詩和高適、王之渙齊名，因其善寫場面雄闊的邊塞詩，而有「詩家天子」（或作「詩家夫子」）、「七絕聖手」、「開天聖手」、「詩天子」的美譽。世稱「王江寧」。

24 眼法師係唐慈門寺沙門，亦玄奘門下大德，身世不詳。他對玄奘所傳之因明深有研究，撰有《因明正理門論疏》、《因明入正理論略抄》和《因明入正理論後疏》。

化的寶貴一面。茶與禪結下不解之緣,內涵豐富,通過世俗品茶
而提升至佛門茶道。中國佛教初推四禪八定[25]——如來禪,講求
安般守意,及後發展之行、住、坐、臥之祖師禪[26],茶與禪不謀
而合,講求的是專注靜慮,心境清明,茶能降火、提神、解毒....,
禪能靜心、開悟、去煩惱,兩者之結合,天衣無縫。

　　唐朝百丈禪師所立之《百丈清規》有明文規定茶禪次序,例
如,「請新住持」:

　　　　凡十方寺院住持虛席。必聞於所司。伺公命下。庫司會兩
　　　　序勤舊茶。議發專使修書(頭首知事勤舊蒙堂前資僧眾)
　　　　製疏(山門諸山江湖)茶湯榜(專使署名)請書記為之。
　　　　如缺書記。擇能文字者。分為之。用絹素寫榜。所請專使
　　　　或上首知事。或勤舊或西堂首座。或以次頭首充之。若非

25 四禪,又作四靜慮、色界定。即色界天之四禪。色界天之四禪與無色界
　　天之四無色定,合之而成八定,故知八定包含四禪。四與八並舉者,蓋
　　色界與無色界相對,則在色界為「禪」,在無色界為「定」;若以色界、
　　無色界相對於欲界之「散」,則色及無色二界,皆稱為「定」。故合色界
　　之四禪定與無色界之四無色定,而稱之為八定。又若區別色界及無色界
　　之禪定,則色界之禪定「定、慧均等」,無色界之禪定,其相微細而「定
　　多慧少」。(見《佛光大辭典》)瑜伽師地論卷十一、摩訶止觀卷九, p1845。
26 與「如來禪」相對稱。又作南宗禪。特指禪宗初祖菩提達摩傳來,而至
　　六祖慧能以下五家七宗之禪。係主張教外別傳,不立文字,不依言語,
　　直接由師父傳給弟子,祖祖相傳,以心印心,見性成佛,故稱祖師禪。
　　宗密於禪源諸詮集都序卷上,將禪由淺至深,分為五等,即外道禪、凡
　　夫禪、小乘禪、大乘禪、最上乘禪等五種。其最上乘禪又稱如來禪;達
　　摩所傳之禪即為此一最上乘禪;然後世之禪徒不以宗密之如來禪為最上
　　禪,反視之為五味交雜之禪,而謂祖師所傳之真實禪方為一味清淨之禪,
　　特稱為祖師禪。此一稱號或始自仰山慧寂。景德傳燈錄卷十一仰山慧寂
　　章(大五一・二八三中):「師曰:『汝只得如來禪,未得祖師禪。』」(見
　　《佛光大辭典》禪宗頌古聯珠通卷十一、五燈全書卷五、古尊宿語錄卷
　　三), p4240。

知事充專使。亦須以下知事一人同去掌財議事。具須知一冊。該寫本寺應有田產物業。及迎接儀從。一切畢　備。山門管待專使一行人從。至起程日。詣諸寮相別。鳴僧堂鐘集眾門送。三門下釘掛帳設。向裏設位。講茶湯禮。請兩序勤舊光伴。如上首知事去。則下首知事行禮。如頭首勤舊去。則上首知事行禮。揖坐燒香揖香歸位。相伴喫茶。再起燒香揖香歸位。相伴喫湯收盞。專使起謝上轎。[27]

又如「打茶」：

一晚師指琉璃問素弘。經云。如淨琉璃內外明徹。為甚有時明。有時暗。弘云。一任和尚分別。師云。分別且置。畢竟作麼生。弘云。打破琉璃來向和尚道。師云。破時又如何。弘頓足三下。師云。正好喫棒。便歸方丈。牧山參纔禮拜。師便打。山便喝。師云。更喝喝看。山云。好個話端。師云。且坐喫茶。[28]

又禪家於入寮之終有寮元茶禮，若人數眾多時，即依戒臘從上位次第請眾寮點茶，此稱「戒臘茶」：

行茶遍。瓶須從穿堂而入。問訊進四板頭。問訊退。一字問訊而立。鳴小板一下。收盞。眾下地立定。寮元出爐前。

27 元‧德煇重編：大正新脩大藏經，第 48 冊，No.2025 勅修百丈清規 (8 卷)，第 3 卷。

28 清‧悟進說，真理等編：嘉興大藏經，第 29 冊，No.B233 介菴進禪師語錄 (10 卷)，第 6 卷。

對點茶人謝茶。代眾人謝也。眾人就位。同時問訊。謝畢。
寮元復位。再各分四版頭。問訊。謝眾臨屆。遞相恭敬之
義。蓋僧堂點茶。特為。亦三巡也。眾仍一字問訊。鳴大
板三下。大眾和南而散。寮元令茶頭請點茶。眾人喫茶。
免者。非禮也。[29]

《百丈清規》中詳盡地規範禪與茶之應有程序，是禪茶交融，
緣為一體，它不僅促進了禪的發展，而且對東亞地區禪茶的傳播
影響極為深遠，及後相沿成習為叢林規格。

茶禪一味，茶寓意放下、享受閑適，暗合禪意，清心寡慾，
茶中有禪，品茶如參禪。「一切圓通一切性，一法遍含一切法，
一月普現一切水，一切水月一月攝。[30]」，在禪宗看來無非一個
「悟」字，蓋其強調自悟自性，《祖庭事苑》：「青青翠竹盡是
法身，鬱鬱黃花無非般若。[31]」故禪宗學人要於一切法不取不捨，
內外不住，來去自如，能除執心，通達無礙[32]，即見性成道，當
下悟入。

四、茶禪對文化之貢獻

---

29 元·弌鹹編：卍新纂大日本續藏經，第 63 冊，No.1250 禪林備用清規（10
卷），第 3 卷。

30 唐·玄覺撰：大正新脩大藏經，第 48 冊，No.2014 永嘉證道歌第（1 卷），
第 1 卷。

31 宋，善卿編正：卍新纂大日本續藏經，第 64 冊，No.1261 祖庭事苑（8
卷），第 5 卷。

32 法海：正新脩大正藏經 Vol. 48, No. 2007《南宗頓教最上大乘摩訶般若
波羅蜜經六祖惠能大師於韶州大梵寺施法壇經》，頁 1。

茶禪文化是我國文明之偉大貢獻，其影響有：

（一）推動飲茶之風

佛教視茶有三德，提神靜思、有助消化、減少思欲。僧人長時間坐禪，易積食物，茶有助其清腸消化。或讀經過慮，以茶舒緩身心；又或以湯茶禦寒；甚至以茶為媒介，談經論道，因而推動茶禪之流行。

（二）寺院廣植茶樹

唐代國力大盛，經濟發達，又得統治者護教，許多寺院建居雲霧之中，並擁有大量田地廣植茶樹，不單僧侶好茶，寺院以茶奉客，又可銷售，茶就成為寺院之經濟產業，佛教僧侶推動茶葉發展，實功不可沒。《盧山志》載：有僧人慧遠大師於盧山廣植茶樹，以效淘公吟唱對茶，談經論道，孜孜不倦。又如唐代普陀寺僧大量產茶，形成著名的「普陀佛茶」。

（三）開拓禪詩意境

文人著重將茶與自身融於一體，與物同化，從茶道獲得精神的寧靜，繼而進入忘我之境地，企圖達至天人合一之境。這對當時文人日常生活產生了理智、平和、淡泊的範例，亦是墨客追求高潔素雅情懷的生活。對詩歌的意境產生了深遠的影響。即朱光潛所謂「無言之美」：「言有盡而意無窮。無窮之意達之以有盡之言，所以有許多意，盡在不言中。美，不是只美在已表現的一部分，尤其是美在未表現而含蓄無窮的一大部分。這就是所謂無言之美」。

　　由於茶禪普遍受到僧人歡迎，飲茶談經或唱和茶詩，將人生觀念升華，為茶詩創作意境提高了深邃的內涵及豐富了美學的藝術風格。佛教禪宗以自性湛圓，心性無染，這種思維影響了詩人之詩作，古典茶詩融合禪宗心性哲學之理念，詩人為追求澄明高潔的詩歌意境，通過對外在的物象，反觀內心，構造出一種心靈的形態，如唐詩人元稹所作的〈一言至七言詩・茶〉：

　　茶
　　香葉　嫩芽
　　慕詩客　愛僧家
　　碾雕白玉　羅織紅紗
　　銚煎黃蕊色　碗轉麴塵花
　　夜後邀陪明月　晨前命對朝霞
　　洗盡古今人不倦　將知醉後豈堪誇

　　詩中內容通過七句，將茶性、茶人、茶具、茶色、茶事、茶景、茶情、茶味、茶種，躍然紙上。詩歌簡練，意境明顯，意象語言與直覺聯想，跳躍不斷，呈現出心靈幻化的狀態，故能傳誦後世。

　　茶詩與禪意相通之處甚多，詩人將佛教之哲理融會其中，並通過茶詩去表達禪趣之境，從而擴闊了詩人的寫作空間──茶詩意境。

（四）擴闊茶禪美學

　　宋代士大夫蘇軾、黃庭堅兩位大詩人提出「以故為新」、 江

西詩派領袖黃庭堅《再次韻並引》曾説：「蓋以俗為雅，以故為新，百戰百勝，如孫吳之兵，棘端可以破鏃，如甘蠅飛衞之射，此詩人之奇也。」南宋初年，葛立方在《韻語陽秋》卷三引述此説，後來成為江西詩派重要的詩學理論。然而此説實出自蘇軾，他於熙寧 8 年（1075）《題柳子厚詩二首》云：「詩須要有為而作，用事當以故為新，以俗為雅。好奇務新，乃詩之病。」可見，「以故為新，以俗為雅」是蘇軾論詩之語，唯詩學史對此有所忽略。我們如果比較蘇軾與黃庭堅詩的書寫特點，則不難見到蘇軾詩是「以俗為雅」見長，黃庭堅詩則「以故為新」取勝。

　　蘇軾曾對一位詩僧談詩法時説：「衝口出常言，法度去前軌。人言非妙處，妙處在於是。」（《竹坡詩話》）衝口而出的「常言」實為日常生活中人們使用的口語或通俗的語言。蘇軾認為使用常言，遵循藝術法度，此即是詩歌創作的奧秘所在。這補足了他對「以俗為雅」的解釋。

　　中國古典詩體的藝術形式發展至宋代已出現明顯的雅正傾向，蘇軾提出「以俗為雅」非常有助於詩藝的創新和宋詩特色的形成，這意味著對唐詩所建立的範式的破壞。北宋後期詩壇即有詩人發現並高度肯定了蘇軾「以俗為雅」的藝術傾向。朱弁《風月堂詩話》載：

　　（參寥）嘗與客評詩：客曰：「世間故實小説，有可以入詩者，有不可以入詩者，惟東坡全不揀擇，入手使用。如街談巷説、鄙裏之言，一經坡手，似神仙點瓦礫為黃金，自有妙處。」參寥曰：「老坡牙頰間別有一副爐鞲也，他人豈可學耶？」

　　釋道潛（參寥子）是蘇軾的友人，他認為使用世間俗語以至街談巷說入詩，只有蘇軾能夠熔鑄，以俗為雅；這不是一般詩人可以做到的。我們縱觀蘇軾的詩作，他在創作實踐中確實以此為創新，成功地實現了「以俗為雅」的詩學宗旨。

　　唐代品茗蔚然成風，禪茶與參禪已是僧人生活不可或缺的組成部分。騷人墨客也借此生活環境來營造詩意，藉求寧靜致遠的精神境界。他們以茶入詩，以詩論人生，將詩歌推向哲學的人生境界，擴濶了詩歌的生活哲學，其中以大詩人白居易之詩佔多，他傳達閒適雅趣之生活，以生活遊於翰墨，體驗詩歌美學之風格。其後黃山谷承襲此風，故其詩曰：「茗花浮曾坑，酒泛酌宜城。路尋西九曲，人似漢三明。千戶非無相，五言空有聲。何時郭池晚，照影寫閒情。」文人以追求閒適生活為表徵，內裡不斷創豐富自己之人生境界，故借茶禪一味流露著他們的生活美學及富詩意之哲思，因而影響後世。

（五）輔助僧人禪修

　　茶禪是佛教禪師參禪悟道之修行法門，也是中國佛教禪宗文化的重要組成部分，「茶禪一味」至今成為中國特色之茶道文化生活習慣，自寺院到民間，為中國社會各階層人士所共同鍾愛，流傳千載，長興不衰。《修習止觀坐禪法要》載：

　　「善調五事，必使和適，則三昧易生；有所不調，多諸防
　　難，善根難發。」[33]

33　《大正新脩大藏經》第 46 冊，頁 465 中。

　　智者大師指出調五事是指調食、調眠、調身、調息、調心。此五事皆有助修禪者預防坐禪時昏沉，還可以借茶調食、調眠、調身、調息、調心，使行者身輕心和，有助於入定。

　　茶禪在寺院裡盛行，皆因可健胃和提神，禮佛前參禪者必先喝茶，而且練不倒丹（長坐不臥）甚或斷食尋思，唯許飲茶，藉以修心悟性、心靈淨化，祈望在靜思默想中，進入禪悟之境。坐禪者要參透生死，看破紅塵，求得解脫；茶性苦寒，苦中有甜，能降火祛病，通過禪茶文化之氛圍，坐禪者能自我化解矛盾、優化自身素質、和諧自他，發揮正、清、和、雅之禪茶精神。故品茶有助參禪者品味人生，參破苦諦，大徹大悟，是故茶禪之道乃心靈修養，能提昇禪修者之修為。禪茶精神與人生、感悟、致和修養功夫息息相關。由此觀之，禪茶文化有理事圓融、雅俗同歸之功能，具有佛法度己度人的現實意義。

（六）茶禪名揚海外

　　宋朝臨濟宗大師圓悟克勤提出「茶禪一味」，並編著《碧岩集》於禪門影響甚巨，韓國稱為「天下第一奇書」。《三國遺事》卷四記載：「……欲試茶進，曉公病，無泉水，此水從岩罅忽湧出，味極甘，如乳，因嘗點茶也。」名僧和詩有《山中味》：「山深谷密無人到，盡日寥寥絕世緣，晝則閑看雲出岫，夜來空見月當天。爐間馥鬱茶煙氣，堂舊氤氳玉篆煙，不夢人間喧擾事，但將禪悅坐經年。」又《浮休堂集》中載茶詩，如「獨坐深山萬事輕，掩關終日學無生，生涯點檢無餘物，一碗新茶一卷經。」都見證了中國茶禪對韓國文化影響深遠。

　　圓悟克勤曾手書「茶禪一味」四字真訣傳至日本，成為日本代代相傳之國寶。及後日本臨濟宗榮西禪師攜中國茶種回國植於禪寺，並著《吃茶養生記》。未幾有大應國師將中國寺院飲茶方式傳至日本，輾轉形成日本茶道。日人千利休將飲茶普行於民間，稱為千家流，倡導「和敬清寂」之茶道精神，即日本現在的千家茶道。日本飲茶文化在國內急速增長，更將禪宗思想融入哲學、教育、文化、藝術、禮儀等文化體系，發揚中國禪茶文化之優良傳統。

　　今天中國茶文化在世界各地之影響甚大，僧人以茶禪之內涵來教化眾生。

五、結　論

　　「一沙一世界，一葉一如來。」，禪與茶之文化內涵，無遠弗屆。茶禪文化促進文化經濟火速發展，佛家以茶悟道，儒家以茶談德，藝術以茶書畫，騷客以茶論詩，鑒賞以茶審美。中國茶禪文化遠播海外，至日本為茶道，至英倫為午茶，至歐美為「基督禪」，我國優秀文化得以弘揚。禪茶的精神文化——正、清、和、雅，可成為社會化育功能，蓋禪茶就是人生，蓋茶的淡潔與禪的修養結合起來恰到好處，既理事圓融，又雅俗共賞，將茶禪落實到日常生活當中，確具有現實意義。

　　茶與禪關係密切，在生活上有著千絲萬縷的文化情結，茶道講求秉性清靈，禪法必須明心見性，其精神則無異，彼此契合內在心靈境界，幽靜沉穩，味永意遠，安逸超脫，而趨於天人合一之境。禪僧與茶詩充滿著神韻幽清，淡泊自然，離塵囂而獨靜，

安憂患而輕安，乃「茶禪一味」之精神所依處。

　　宋・蘇東坡：「溪聲盡是廣長舌，山色無非清淨身；夜來八萬四千偈，他日如何舉似人。」蘇軾熱愛參禪，晚居東林寺感受淙淙美妙之溪水聲，猶似佛陀說法之聲音；而蒼鬱山色則幻似佛陀之清淨本身。其深深體悟此一妙境，自然能觀照一切色相皆是佛法。詩中強調生活「觸處皆禪」之道理，禪在生活中，禪在萬物，隨處可聞，隨時可修。

　　生活禪，即將信仰實踐於生活，意味將佛法融入世間，故壇經云：「佛法即世間，不離世間覺。」兩者不可截然劃分。眾生信佛修行，目的為解脫作依歸，唯解脫門必須具備福德和智慧兩個條件，世間便是眾生修福報之處，若離世間，則難獲福田，福田不具，雖有智慧，則難入圓滿解脫門。茶禪乃借茗茶兼備習禪之修行方式，其表達為「禪茶一味」、「茶禪不二」、「即茶即禪」之茶禪文化，這正是淨慧法師所言：「將禪之生精神、禪的智慧普遍地融入生活，在生活中實現禪的超越，體現禪的意境、禪的精神、禪的風采。」──即生活在於禪。

六、參考書目

1. 丁以壽《農業考古》期刊，1999 年，第 2 期。

2. 宋‧李昉《太平御覽‧飲食部二十五》。

3. 《佛光大辭典》，景德傳燈錄，卷 10。

4. 《佛光大辭典》，宏智禪師廣錄，卷 5ㄱ。

5. 《佛光大辭典》〔瑜伽師地論卷十一、摩訶止觀卷九〕。

6. 《佛光大辭典》禪宗頌古聯珠通卷十一、五燈全書卷五、古尊宿語錄卷三〕。

7. 卍新纂大日本續藏經，第 65 冊 No.1295，禪宗頌古聯珠通集（40 卷）。

8. T50n2061_029，宋高僧傳，第 29 卷。

9. 清‧悟進說，真理等編：嘉興大藏經，第 29 冊，No.B233，介菴進禪師語錄 （10 卷），第 6 卷。

10 元‧弋咸編：卍新纂大日本續藏經，第 63 冊，No.1250 禪林備用清規 （10 卷），第 3 卷。

11.唐‧玄覺撰：大正新脩大藏經，第 48 冊，No.2014 永嘉證道歌第 （1 卷），第 1 卷。

12.宋，善卿編正：卍新纂大日本續藏經，第 64 冊，No.1261 祖庭事苑 （8 卷），第 5 卷。

13.法海：正新脩大正藏經 Vol. 48, No. 2007《南宗頓教最上大乘摩訶般若波羅蜜經六祖惠能大師於韶州大梵寺施法壇經》。

14.唐‧封演《封氏聞見記》卷 6。

15.陸羽《茶經‧〈七之事〉》卷下。

略談重元寺與騷客的因緣

摘　要

　　重元寺始建於梁武帝天監二年（西元 503 年），與寒山寺、靈岩寺、保聖寺同時代。梁武帝蕭衍以佛化治國，一時上行下效，全國崇佛。在重元寺一千五百餘年的歷史中，每個時代都有值得銘記的名人足跡，或是高僧、或是名士，重元寺的價值底蘊並不在於亭臺樓閣一時之宏偉，卻在於這些歷史過客在重元寺留下的文化足跡。亭臺樓閣能毀於兵火天災或是時光磨蝕，但是文化的光輝不會隨時間流轉而黯淡，由文化而撐起的重元寺會載之於史冊、閱之於案頭，吟之於風騷、傳之於人心。唐代的蘇州，有三位非常著名的刺史：韋應物、劉禹錫和白居易。他們更多的是以詩人的身份流傳後世，而作為政治人物，無一例外，雖為姑蘇古城留下不少遺跡，但整體政治生涯都在失意和落寞中度過了。而其中兩位：白居易與韋應物在其短短任期中都與蘇州重玄寺結下不解之緣，留下詩文佳作，實為難能可貴，故值得研究。

　關鍵詞：重元寺　承天寺　能仁寺　重玄寺　蘇州

一、緒　言

　　重元寺始建於梁武帝天監二年（503），話說時任官吏陸僧瓚，

某天傍晚時分於官宅舉目長空，祥雲湧現，奏請武帝於其官宅改建寺院，武帝允之，賜匾嘉許，取名「重雲」，以昭世間。《吳地記》載：

> 重玄寺梁衛尉卿陸僧瓚天監二年旦暮見住宅有瑞雲重重覆之遂奏請舍宅為重雲寺台省誤寫為『重玄』賜額『大樑廣德重玄寺』。[1]

及後始知匾額題為「重玄」，史家相信為奏章輾轉抄寫過程中出錯，而「重元寺」一直沿用至中唐。

五代時，吳越王錢鏐大舉修葺寺院，規模宏偉，有別院共五所，分別為永安[2]、淨土、寶幢、龍華及圓通，殿閣崇麗，寺前有兩山兩石，中央有一尊丈餘高無量壽佛，環立兩側有十六尊阿羅漢相伴，《吳郡圖經續記》載：

> 錢氏時又加繕葺。殿閣崇麗前列怪石。寺中有別院五：曰永安、曰淨土禪院也曰寶幢、曰龍華、曰圓通教院也。[3]

山後還有一座聖姑廟是捨宅建寺陸僧瓚之女，百姓奉為求子祈福之神，於此祈子頗驗。[4]

---

1 唐‧陸廣微撰《吳地記》。
2 永安禪院，在承天寺垣中，舊號彌陀院。初，太宗朝以藏經鏤本，有餘杭道原禪師者，詣闕借版印造。景德中，又以太宗御製四帙，及新譯經一十四帙並賜之，道原既歸藏於此院。大中祥符八年，又編修《景德傳燈錄》以進，敕賜今額。每歲度一僧，至今為禪院（明‧朱長文《吳郡圖經續記》卷中）。
3 明‧朱長文《吳郡圖經續記》卷中。
4 明‧朱長文《吳郡圖經續記》卷中。

宋時，重元寺改名為承天寺。宋宣和年間朝廷有明令，禁止所有寺觀橋樑以「天、聖、皇、王」等字命名，故改名為「能仁寺」。《吳郡志》：

> 能仁禪寺在長洲西北二首即梁重玄寺入國朝為承天寺庭列怪石俗傳錢王立前有二土山中有銅無量壽佛像高丈餘宣和中禁寺觀橋梁名字以天聖皇王等八字改今額。[5]

元時順年間，重元寺遭遇火災，後由悅南楚僧人重建寺院，並把重元寺改名為「承天能仁寺」，又名「雙峨寺」，蓋寺前有兩土山或兩異石故。元至正十六年，張士誠佔領寺院為行宮，兩旁加建東西行宮，二面環水，故取名為東海島、西海島。

明時，又恢復為寺院，寺內加建了盤溝大聖祠、靈佑廟、萬佛閣......。明宣德十年巡撫侍郎周忱加建藏經樓，唯毀於火。及後朝廷頒贈《大藏經》，萬曆年間寺院成為蘇州城內最具規模之寺院之一。

清時，為避康熙帝玄燁之諱，改「重玄寺」為「重元寺」，延用至今，唯寺院衰落，未見生氣。民國時，寺院殘破不堪，經濟不繼，入不敷支，於七十年代結束。直至 2003 年江蘇人民政府批准蘇州市民族宗教事務局重建，並延請寒山寺方丈秋爽大和尚兼任主持，重元寺得以再次呈現佛日光輝，寺院景觀，今非昔比，遊人不絕。

---

5 吳江周永年撰《吳地記》，大藏經補編，第 34 冊 No.193 吳都法乘 (30卷)。

二、重元寺與騷人墨客

歷代文人雅士曾在重元寺留下不少印記，諸如白居易等，茲錄其墨寶以證之。

唐・白居易

白居易（772 年-846 年），字樂天，號香山居士，又號醉吟先生，另有廣大教化主的稱號。祖籍太原，到其曾祖父時遷居下邽，生於河南新鄭，是唐代偉大的現實主義詩人，唐代三大詩人之一。白居易與元稹共同宣導新樂府運動，世稱「元白」，與劉禹錫並稱「劉白」，文章精切，特別擅長寫詩，是中唐最具代表性的詩人之一，作品平易近人，乃至於有「老嫗能解」的說法。白居易的作品，在世時就已廣為流傳於社會各地各階層，乃至外國，如新羅、日本等地，產生很大的影響。白居易的詩歌題材廣泛，形式多樣，語言平易通俗，有「詩魔」和「詩王」之稱。官至翰林學士、左贊善大夫。西元 846 年，白居易在洛陽逝世，葬於香山，有《白氏長慶集》傳世，代表詩作有《長恨歌》、《賣炭翁》、《琵琶行》等，重要的文章有《與元九書》等。他在重元寺留下的碑文：

蘇州重元寺法華院石壁經碑文

碑在石壁東次，石壁在廣德法華院西南隅，院在重元寺西若干步，寺在蘇州城北若干里。以華言唐文譯刻釋氏經典，自經、品、眾佛號以降，字加金焉。夫開士悟入，諸佛知見，

以了義度無邊，以圓教垂無窮，莫尊於《妙法蓮華經》，凡六萬九千五百五言；證無生忍，造不二門，住不可思議解脫，莫極於《維摩詰經》，凡二萬七千九十二言；攝四生九類，入無餘涅槃，實無得度者，莫先於《金剛般若波羅蜜經》，凡九千二百八十七言；禳罪集福，淨一切惡道，莫急於《佛頂尊勝陀羅尼經》，凡三千二十言；應念順願，願生極樂土，莫疾於《阿彌陀經》，凡一千八百言；用正見，觀真相，莫出於《觀音、普賢菩薩法行經》，凡六千九百九十言；詮自性，認本覺，莫深於《實相法蜜經》，凡三千一百五言；空法塵，依佛智，莫過於《般若波羅蜜多心經》，凡二百五十八言。是八種經，具十二部，合一十一萬六千八百五十七言，三乘之要旨，萬佛之秘藏盡矣。是石壁積四重，高三尋，長十有五丈，厚尺有咫，有石蓮敷覆其上下，有石神固護其前後，火水不能燒漂，風日不能搖消，所謂施無上法，盡未來際者也。唐長慶二年冬作，太和三年春成，律德沙門清晃矢厥謀，清海繼厥志，門弟子南容成之，道則終之，寺僧契元舍藝而書之，郡守居易施詞而贊之。贊曰：

佛涅槃後，世界空虛。惟是經典，與眾生俱。設復有人書貝葉上，藏檀龕中。非堅非久，如蠟印空。假使有人刺血為墨，剝膚為紙。即壞即滅，如筆畫水。噫！畫水不若文石，印蠟不若字金。其功不朽，其義甚深。故吾謂石經功德，契如來付囑之心。[6]

---

6 宋宗曉編 X1540，法華經顯應錄 (2 卷)，2014。

文中的石壁刻經，據《隆興佛教編年通論》卷二十四載「唐長慶四年（824），白居易為杭州刺史時，曾於當地永福寺石壁刻《法華經》，長約十九公尺，上下約二公尺；又由長慶二年至文宗太和三年（829），清晃、清海等於蘇州重玄寺法華院刻成《石壁經》，為寺僧契元所書，白居易亦為之作讚碑。計刻《法華經》、《維摩詰經》、《金剛般若經》、《佛頂尊勝陀羅尼經》、《阿彌陀經》、《觀普賢菩薩行法經》、《實相法密經》及《般若心經》等十萬言以上。此外，依《阿彌陀經義疏聞持記》卷下、《龍舒增廣淨土文》卷一等載，湖北襄陽之龍興寺有隋代陳仁稜所書之石刻《阿彌陀經》碑，至宋代，靈芝元照亦模刻該經碑，而立於西湖崇福寺大殿之後；又日本福岡縣宗像神社境內，亦存有模刻襄陽龍興寺之《阿彌陀經》碑。」[7]碑文亦記載佛陀的無上義理及對佛陀的功德，讚嘆不絕！

唐・韋應物

韋應物（737～792），中國唐代詩人。漢族，長安（今陝西西安）人。今傳有 10 卷本《韋江州集》、兩卷本《韋蘇州詩集》、卷本《韋蘇州集》。散文僅存一篇。因出任過蘇州刺史，世稱「韋蘇州」。韋應物是山水田園詩派著名詩人，後人每以「王孟韋柳」並稱。其詩以寫田園風物著名，詩風恬淡高遠，以善於寫景和描寫隱逸生活著稱，涉及時政和民生疾苦之作，亦頗有佳篇。其作品今傳有 10 卷本《韋江州集》、兩卷本《韋蘇州詩集》、10 卷本《韋蘇州集》。其與重元寺的詩文：

---

[7]　慈怡法師主編《石壁經，佛光大辭典》〔佛祖通載卷二、稽古史略卷三〕，p2139。

登重玄寺閣

時暇陟雲構，晨霽澄景光。始見吳都大，十里郁蒼蒼。
山川表明麗，湖海吞大荒。合沓臻水陸，駢闐會四方。
俗繁節又暄，雨順物亦康。禽魚各翔泳，草木遍芬芳。
於茲省氓俗，一用勸農桑。誠知虎符忝，但恨歸路長。[8]

　　韋應物，喜遊寺院，登高遠望，藉《登重玄寺閣》抒發情緒。
韋應物時任蘇州刺史，閒時喜遊山玩水，參訪佛寺，禮佛燒香。
詩中敘述詩人清晨遊重玄寺之所見所聞。晨光美景，蒼鬱叢林，
山明水秀，一望無際，且山川明暗，秀麗異常，而湖面海闊，無
邊無際，令人心中澎湃激昂。城中繁華節日熱鬧非常，吳地之境，
風調雨順，物產豐富，魚鳥自由自在，任運飛躍，而草木處處，
芬香撲鼻，令人流連忘返。詩人卻感受到受朝廷俸祿，身不由己，
未能像農夫這樣過著悠閒自在，日出而作，日入而息的平淡生活，
詩人帶出對寺院及農民的歸隱願望，開始厭倦官場的生活。嘆息
自己不知何時能辭官歸隱，過著農家的悠閒生活。

宋・范仲淹

　　范仲淹出身寒微，少勤苦讀，為考功名，曾於山東醴泉寺投
宿棲身，寒窗多載，日食冷粥，埋頭苦讀。作品寫於壯年，為官
清廉，卻胸懷大志，懷有濟世之抱負，登承天寺賦詩寄懷，且看
他的詩歌：

和章岷推官同登承天寺竹閣

8　《全唐詩》卷 192，頁 15。

> 僧閣倚寒竹，幽襟聊一開。　清風曾未足，明月可重來，
> 晚意煙垂草，秋姿露滴苔。　佳賓何以佇，雲瑟與霞杯。

　　作者閒遊寺院，暫時擱置家國之事，至竹林間頓覺身心暢快，
故於首句「僧閣倚寒竹，幽襟聊一開。」作者又常以譏切時弊，
自不免得罪政敵被人誣陷。宋仁宗親政後，范仲淹被召回京師擔
任言官右司諫一職。郭皇后掌摑後宮妃嬪誤傷仁宗之頸，仁宗大
怒，決定下詔廢后，范仲淹等朝臣屢勸無效，政敵呂夷簡為討好
仁宗，明令禁止百官參議此事。范仲淹等人觸怒仁宗，求見仁宗
遭拒，及後卻被貶出京為睦州知州（今浙江建德市梅城鎮），故
次句寫道「清風曾未足，明月可重來。」感懷自己的仕途，也顯
示作者意志堅定，充滿自信，自當捲土重來，再戰官場。「晚意
煙垂草，秋姿露滴苔。佳賓何以佇，雲瑟與霞杯。」秋意濃濃，
煙霧蓋草，簷露滴在苔處，更顯出秋天的景物特色，客因雨而久
立，欣賞景物燦爛絢麗。顯示出作者對未來的期望。

唐・皮日休

　　皮日休，生於太和八年（834）至開成四年（839）之間，卒
於天夏二年（902）以後。晚唐文學家，字襲美，一字逸少，居鹿
門山，自號鹿門子，又號間氣布衣、醉吟先生，襄陽之竟陵（今
屬湖北天門）人，曾在蘇州刺史崔璞幕下做郡從事，後入京任著
作佐郎、太常博士。僖宗乾符二年（875）出為毗陵副使，後參加
黃巢起義軍，任翰林學士。巢敗，不知所終。皮日休為晚唐著名
詩人、散文家，與陸龜蒙並稱「皮陸」，有唱和集《松陵集》，
詩文多抨擊時弊、同情人民疾苦之作。皮日休與重玄寺的詩作有：

重玄寺元達年逾八十好種名藥之二

香蔓蒙蘢覆昔邪，桂煙杉露濕袈裟。
石盆換水撈松葉，竹徑穿床避筍芽。
藜杖移時挑細藥，銅瓶盡日灌幽花。
支公謾道憐神駿，不及今朝種一麻。

據說僧人元達在寺內栽種各地名藥，一日皮日休到訪，並題詩以贈，一時傳為佳話。僧人元達在寺院內栽種了很多名藥，有芳香的蔓草、松葉、筍芽……，元達出外精挑細選藥材，又時常親力親為灌溉花草，他以支公愛駿馬來比喻自己種植桑麻的情操。又作：

重玄寺雙矮檜

撲地枝回是翠鈿，碧絲籠細不成煙。
應如天竺難陀寺，一對狻猊相枕眠。

詩人遊重玄寺目睹生於林窗下的矮檜的植物，遍地枝身捲在地上形成碧綠的寶石似的形狀，雲霧低壓，絲絲輕飄而不像煙，此情此景，就好像印度羅難陀寺內刻鏤成一對獅子狀的香爐一樣，散發異香。

唐・李嘉祐

李嘉祐，字從一，唐朝趙州（今河北趙縣）人。大曆詩人，生卒年不詳。天寶七年（748 年）楊譽榜進士，授祕書省正字，

升補闕。因事由侍御史貶謫鄱江縣令,有詩「四年謫宦滯江城,未厭門前鄱水清。」。上元二年(761年)量移江陰縣令;唐代宗永泰元年(765年)回朝任拾遺、司勛員外郎,而大曆中期,又出京擔任袁州(今江西宜春)刺史。大曆九年(774年)卸任後定居蘇州。大曆末至建中初,起用爲台州刺史,約卒於建中四年以前。嘉祐與嚴維、劉長卿、冷朝陽等人友好。工詩,詩風麗婉,有齊梁風。劉辰翁評論道:「李袁州(嘉祐)中興高流,與錢(起)、郎(士元)別為一體,往往涉於齊梁。他題重玄寺的詩作:

同皇甫冉登重玄閣

高閣朱欄不厭遊,蒹葭白水繞長洲。
孤雲獨鳥川光暮,萬井千山海色秋。

清梵林中人轉靜,夕陽城上角偏愁。
誰憐遠作秦吳別,離恨歸心雙淚流。

　　詩人不怕長途跋涉喜愛登山覽景,並與好友登上重玄閣,遠望湖泊水草環繞洲霸,令人心身舒泰。從閣上遠眺,天色晴朗,只有片雲獨掛,隻鳥飛翔,山川景物盡在明媚顯耀,時有秋風將海上之水氣帶來閣上。詩人在那清幽林中的寺內,才能感覺到煩擾的思絮慢慢靜下來,心靈安靜,彷彿水中的沙沈澱下來一樣。快樂的時光總是飛快離開,在閣上欣賞美麗的景色不覺已夕陽高掛城角之上,催促遊人歸去似的。一想起與好友皇甫冉即將離別,各處一方之時,心中不期然感到心酸,淚水都忍不住掉下來。可

見詩人昔日在此寺離別感傷之情，心情沉重，依依不捨，帶著無限的憂愁。

宋·鄭思肖

鄭思肖（1241－1318），宋末詩人、畫家，連江（今福建省福州市連江縣）人。原名之因，宋亡後改名思肖，因肖是宋朝國姓趙的組成部分。為了寄託愛國情懷，鄭思肖坐臥必向南，並自號「所南」，亦自稱菊山後人、景定詩人、三外野人、三外老夫等。曾以太學上舍生應博學鴻詞試。元軍南侵時，曾向朝廷獻抵禦之策，未被採納。後客居吳下，寄食報國寺。鄭思肖擅長作墨蘭，花葉蕭疏而不畫根土，意寓宋土地已被掠奪。有詩集《心史》、《鄭所南先生文集》、《所南翁一百二十圖詩集》等。他遊承天寺寫下詩作：

春日遊承天寺

野梅香軟雨新晴，來此閒聽笑語聲。
不管少年人老去，春風歲歲闇闈城。

野外梅花的香氣飄於空中，令人感到舒暢，柔柔春天的細雨告知我們新晴將至。詩人登臨承天寺悠閒地四處遊覽，到處都聽見遊人在寺院的談笑的歡樂聲。不管是青年或老年人，春天的和風年年都會像今天一樣來訪蘇州。詩中隱約寄盼詩人對未來的期望，以抒發自己的情感。

明·文徵明

文壁（1470 年－1559 年），字徵明，中年後以字行，更字徵

仲，號衡山居士、停雲生，祖籍湖廣衡陽，直隸長洲縣（今江蘇蘇州）人，明代畫家，與唐寅、沈周、仇英合稱為「明四家」（亦稱「吳門四家」或「吳門四傑」）；從正德到嘉靖年間。文徵明，明代傑出畫家、書法家、道家、文學家，因先世衡山人，故號「衡山居士」，著有《甫田集》。文徵明的書畫造詣極為全面，詩、文、書、畫無一不精，人稱是「四絕」的全才。他在承天寺的詩作有：

元日承天寺訪孫山人 其 一

六街斜日馬蹄忙，自覓幽人叩竹房。
殘雪未消塵迹少，一函内景對焚香。
當年結習住僧家，對客分泉自品茶。
欲識道人高潔處，紙腮殘雪照梅花。

　　在京城的繁華六條街道中，傍晚時分西斜的太陽仍然很繁盛，街上的馬蹄聲川流不息。唯作者獨個兒尋找居住山野的老朋友。路上未化盡的積雪仍留著，故往來的人就不多見，到了寺内環境清幽，只見香燭燃燒，卻未見遊人。詩人回想起與僧眾居住在寺院内，各自泡茶的情景十分寫意，僧人的高雅理想，就好像雪與梅花一樣冰潔無瑕，多麼的純潔。詩人寫景抒情，並以鬧市的繁華與山寺的冷清作一比對，亦表示作者對友情的珍惜，不惜踏雪尋友，更顯兩者的交情甚深。他亦回想起昔日共同生活的情景及對修道人的高雅理想作出欽敬。

　　又作：

承天寺中隱堂

> 古徑無車馬，閒門帶薜蘿。秋風吹宿雨，日暮盼庭柯。
> 世味逢僧盡，新涼入寺多。居山未有計，此地數來過。

　　詩人去承天寺途中，一路上沒有馬車，感到十分寧靜。到了寺門所見是草本植物薜蘿蔓引，苔蘚斑剝。秋季的風帶著昨天的水氣，迎面吹來，感到有點潮濕。天色已晚，群鳥盼望飛入庭園中的樹木棲息。他常接觸僧侶卻感到人世的滋味，初秋涼爽的天氣，詩人卻常來寺院，在山中自己也沒有算過住了多久。詩中可看出作者對寺院的嚮往及人情的執著，閒無別事就來寺院度宿，感受大自然的喜樂。

元・楊維楨

　　楊維楨（1296 年－1370 年），又作維禎，字廉夫，號鐵崖、東維子會稽（今浙江紹興）人。元末明初政治人物。泰定四年（1327 年）中進士，授天臺縣尹，杭州四務提舉。維楨為人倔強，詩文奇詭，喜做翻案文章，如《炮烙辭》。又以擬古樂府見稱，是當時詩壇領袖，因「詩名擅一時，號鐵崖體」，獨領風騷。元末天下大亂，維楨避寓富春江一帶，張士誠屢召不仕，遷蘇州、松江等地，隱居不出，和文人「筆墨縱橫，鉛粉狼藉」，沉溺聲色。與陸居仁、錢惟善被稱為「元末三高士」。明洪武二年（1369 年）明太祖召至京師，議訂禮法。晚年有肺疾。後請歸鄉里，朱元璋命百官於京都西門外設宴歡送，洪武三年庚戌五月二十五日逝世，著有《東維子文集》、《鐵崖先生古樂府》等。他曾在承天寺題詩：

承天閣

荊棘荒涼繞故宮，梵樓突兀畫圖中。
地連滄海何由斷，月墜青天不離空。
蟋蟀著簪秋易雨，蒲牢吼屋夜還風。
越南羈旅登臨倦，書賦囚人日月籠。

　　山野叢生多刺的灌木，人煙寥落，城外荒涼，寂無人影，圍
繞著舊時的宮殿。佛寺的樓閣在畫圖中很突出。雖然佛寺今非昔
比，但寺內景物依然不變，無論寺院面目全非，寺院仍是昔日的
寺院，這就好像大地與海洋一樣連在一起，不能分割。所以皓月
落滄海，神氣依舊在。秋天多雨彩虹常現於屋簷上。生活在海邊
的野獸，吼叫的聲音非常宏亮，加上陣陣夜風，令人心寒。寄居
異鄉的人重臨舊地，經長途跋涉感到有點疲憊，詩人每天每月只
顧埋首於書本，就好像囚犯一樣困在牢獄中。

唐‧陸龜蒙

　　陸龜蒙（？－公元 881 年），唐代農學家、文學家，字魯望，
別號天隨子、江湖散人、甫里先生，江蘇吳江人。曾任湖州、蘇
州刺史幕僚，後隱居松江甫里，編著有《甫里先生文集》等。他
的小品文主要收在《笠澤叢書》中，現實針對性強，議論也頗精
切，如《野廟碑》、《記稻鼠》等。王定保曾為之作誄文。陸龜
蒙墓在蘇州甪直古鎮保聖寺。因為他生前喜歡看鬥鴨，後人為了
紀念他開了一方水塘「鬥鴨池」，種上荷花，養上幾隻鴨子，水
塘中間有一座清風亭，相傳是甫里先生讀書的地方。甫里先生墓
在清風亭側，墓碑上刻有「唐賢甫里先生之墓」。在清風亭後有

兩株參天古銀杏，相傳為先生手植，已有一千多年了。陸龜蒙性嗜茶，唐代溫庭筠《採茶錄》中記載：「甫里先生陸龜蒙，嗜茶也。置小園於顧渚山下，歲入茶租，薄為甌蟻之費。自為品第書一篇，繼《茶經》、《茶訣》之後」。其作品如下：

奉和襲美題達上人藥圃　二首

其　一

藥味多從遠客齎，旋添花圃旋成畦。
三椏舊種根應異，九節初移葉尚低。

山荄便和幽澗石，水芝須帶本池泥。
從今直到清秋日，又有香苗幾番齊。

詩中首句「藥味多從遠客齎，旋添花圃旋成畦。」描述許多生草藥多由來至外地的客人帶回來的，至今花團簇簇；次句及三句「三椏舊種根應異，九節初移葉尚低。山荄便和幽澗石，水芝須帶本池泥。」分別描述種植的技術和一般應具的知識及植物生長的條件；結句「從今直到清秋日，又有香苗幾番齊。」就轉移到收集這些植物至中秋時分，其它的散發幽香的苗種都一應俱全。陸龜蒙以自身的喜愛田園唱和題達的藥圃詩，可謂不謀而合，識英雄重英雄之舉也。詩作有：

奉和襲美題達上人藥圃二首

其　二

　　　　淨名無語示清羸，藥草搜來喻更微。
　　　　一雨一風皆遂性，花開花落盡忘機。

　　　　教疏兔縷金弦亂，自擁龍芻紫豕肥。
　　　　莫怪獨親幽圃坐，病容銷盡欲依歸。

　　陸龜蒙首句「淨名無語示清羸，藥草搜來喻更微。」用了
佛教禪門公案「維摩詰示疾」。「淨名」乃「維摩詰居士」的意
譯，維摩詰示病，文殊菩薩問疾，雙方以禪理對答，文殊以本體
問於維摩詰，維摩詰以不答而答，聲震大千。蓋本體非以言語道
盡，比喻可入藥的精細草本植物，也不易得來，難能可貴。次句
「一雨一風皆遂性，花開花落盡忘機。」以雨滋潤萬物，繫誰
之力？唯各以良殖遂性，順適遂情，眾草皆悉榮。佛說一味之法
眾生因機隨緣，隨其性各異，應機如一雨。四時季節盡顯無常，
花開花落，詩人沉醉於園圃，與世無爭，蓋深悟世事無常之理。
三、四句以處理兔絲、龍鬚草藥材的技巧，自得其樂。詩人身體
欠佳，少出應酬，故明言諸友不要怪他，因生病沒出外，只能常
常打坐，以調理身體。《唐體餘編》評載：「是物非物，即次
句所謂喻也，妙在與寺僧紐合，得雙關之妙（「一雨一風」下）。
收歸寺僧，與起句清羸相照（末二句下）。皮詩專詠藥圃，輕
點上人。分為二首，變原唱之格。」

明・沈　周

　　沈周（1427－1509），字啟南，號石田，晚號白石翁，長洲
（今江蘇蘇州）人。不應科舉，長期以事繪畫和詩文創作，擅山

水，筆墨堅實豪放、謹密，人稱「細沈」，兼工花卉、鳥獸，擅用重墨淺色，別有風韻。也畫人物，名重當時。書依黃庭堅，詩學白居易、蘇軾、陸游，著有《石田集》、《客座新聞》等。其畫以水墨山水為主，另其寫意花卉鳥獸亦甚佳，其影響後人既深又遠，無愧稱明四大畫家之首。且看他在承天寺的感賦作品：

暮投承天習靜房與老僧夜酌復和清虛堂韻

臨昏細雨如撒沙，城中官府已散衙。
空林古寺葉滿地，牆角僅見山茶花。

繫舟未穩促沽酒，布簾尚曳河西家。
老僧開門振高木，宿鳥續續翻鷗鴉。

松寮竹榻古且靜，人影凌亂燈含葩。
殷勤小行頗展敬，釃酒莫及先烹茶。

更添香炷侑清啜，坐久不覺蒲牢撾。
三杯破凍聊爾耳，俗慮脫臆如人爬。

浮生歲月聚散過，撫事感老徒興嗟。
淨方頻來亦夙契，敢惜片語償煙霞。

首一、二句「臨昏細雨如撒沙，城中官府已散衙。空林古寺葉滿地，牆角僅見山茶花。」敍述詩人從遠地入城已屆傍晚，天空還落着沙粒般的濛濛細雨，詩人本想投奔衙門，由於夕陽西下，

官府大門亦已關閉，只好投靠附近的寺院度宿一宵。詩人遠看承天寺，林中寺院落葉滿階，在隱隱的寺院牆角上只看曼陀羅樹的茶花，感覺山門有點冷清。第三、四句敘述詩人好酒及入住寺院的情況「繫舟未穩促沽酒，布簾尚曳河西家。老僧開門振高木，宿鳥續續翻鷗鴉。」小舟還在河中，詩人遠遠就看見河西家賣酒的招牌，舟尚未停泊穩定就馬上跳上岸到酒家買酒。幾經辛苦終於抵達寺院，一位年老的和尚開啟高大的木門迎接，此時喜愛捕鼠的鷂鷹也連續不絕歸巢棲息。第五、六句敘述詩人入住客房後所見所聞「松寮竹榻古且靜，人影淩亂燈含葩。殷勤小行頗展敬，釃酒莫及先烹茶。」從松窗向外望，滿園竹樹東歪西倒，似很久未有人清理，詩人更感古寺幽靜。又見到掛單者浮影交橫，燈光照著百卉含苞待放之景。寺中有位謙虛的修行者殷勤、恭敬地侍候，詩人之前在渡頭所買的酒都未及享用，行者已把茶烹好奉上，感到寺院待客十分大方得體。第七、八句，描述詩人自己在客房的情況，「更添香炷侑清啜，坐久不覺蒲牢摀。三杯破凍聊爾耳，俗慮脫臆如人爬。」沈周夜不能寐，於是燃點檀香以佐觴，不知不覺沉睡不醒，連寺廟敲鐘的聲音都聽不見。他說自己只飲了三杯酒來御寒，就把世俗的思想情感，爽然頓釋。最後兩句「浮生歲月聚散過，撫事感老徒興嗟。淨方頻來亦夙契，敢惜片語償煙霞。」無常思想是佛教的重要思想之一，詩人在詩歌末句道出世事無常的無奈與感思，表達了對人生無常的歎息。

三、結　論

　　重元寺有位著名詩僧仲殊，他初到蘇州，在姑蘇臺柱子上倒
書七絕云：「天長地久太悠悠，爾既無心我亦休。浪跡姑蘇人不
管，春風吹笛酒家樓。」時大文學家蘇軾赴任杭州，對仲殊此詩
大為激賞，二人後來結為莫逆之交。《吳郡志》記載：「殊工於
詩詞，有《寶月集》行於世，其長短句間有奇作，非世俗詩僧比
也。」作為一個佛教信徒與高僧談禪論道，藉以提升自己的信仰。
在詩人眼中，但凡所思之事，自然與佛門高僧的修道相聯繫，寫
下很多回憶的詩歌。就文學言之，歷代文人之文辭對重元寺的讚
頌足以流傳千古而不朽。自古貧寒士子上京赴試之前，常投宿寺
院寒窗苦讀，故寺院成為他們修學之所。佛教寺院在一千多年歷
史上扮演了教育重要的角色。騷人墨客與佛法結緣深厚，除求學
於叢林之中，事親至孝，請僧人誦經超度，藉菩薩之力，希望先
人都能超升天界。故有學子金榜題名或加官進爵，衣錦榮歸必造
寺度僧，興崇三寶。甚或成為騷客與各方高僧及文人相互交流、
互贈詩偈之處。佛教與文學結下不解之緣，留下詩文佳作，實為
難能可貴，不僅在文學方面堪稱美文，同樣在碑刻藝術史上也有
著重要的地位。時至現在，重元寺的人文淵源則更為殊勝，舉凡
寺內牌匾無論大小皆出於名家之手，或為高僧大德或是學界泰
斗，最著者如弘一法師、趙樸初、季羨林、本煥長老等。

　　為弘揚佛教傳統文化，滿足人民的生活需要，2003 年 11 月，
經江蘇省人民政府批准恢復重建寺廟，院內建築有山門、天王殿、

鐘鼓樓、大雄寶殿⋯⋯；大雄寶殿建築面積達 2100 平方米，單體建築是國內寺廟中最大的。觀音島上供奉 33 米的觀音主像亦是中國室內最高最大的。2007 年新重元寺的佔地三百餘畝，地處風景秀麗的陽澄湖半島之中。水上觀音閣和主寺廟區相互呼應，表現出水天佛國的江東最大觀音道場特色。據有關當局工程部說，重元寺的重建，設計上堅持繼承佛教傳統，遵循經典上有依據、歷史上有傳承、方便上有特色、藝術上有創意、功能上有感應等五項原則，今之蘇州重元寺十大全國之最，臚列如下：

「1.　國內最高的水上觀音閣──46 米典雅觀音閣矗立于蓮花盛放的陽澄湖中央；

2. 國內最高的室內觀音像──33 米觀音像慈愛俯瞰眾生；

3. 國內最重的室內觀音像──通體採用青銅 80 噸貼金工藝鑄成；

4. 唐朝第一律第一聲梵音大鐘──高 2.19 米，空靈鐘聲繞梁三日；

5. 國內最重的青銅大鐘──重達 10 噸，氣勢磅礴；

6. 國內最大的銅腔皮革鼓──直徑 2.19 米；

7. 國內最生動最圓滿的海島觀音雕塑群──大型彩繪雕塑，營造華嚴入法界品生動境界；

8 .國內最高的大雄寶殿──38 米雄偉大殿；

9 .國內最大的大雄寶殿──2100 平方米的面積，坐鎮重元寺；

10.國內首家一次性規劃一次性建設一次性投入使用的全系列觀音榮陽水上亭閣，一爐銅水同步鑄出 33 米大觀音像一尊，33 釐米小觀音像 9999 尊，以及 3.3 米左右的形態各

異的六觀音像。」[9]

現今的重元寺為蘇州工業園區一道亮麗的風景線，作為蘇州人理應自豪，作為觀光者值得推薦，作為歷史家應該考察，作為佛教徒誓必禮拜。

---

9 網頁 http://www.szstx.org/Article/ShowArticle.asp?ArticleID=57
(2017.10.04)。

略論慧遠與淨土

摘　要

東晉慧遠學識淵博、德行兼備，長居廬山弘傳淨土三十餘年，東晉義熙十二年（417年）圓寂，陽壽八十三。遠公少為諸生，精於般若學，兼博綜六經，尤善老莊，故公說法，融儒解道，風格獨特，名噪一時。其戒律嚴謹，禪修用功，隨公念佛禪修之名人俊士及僧侶，不計其數。公說法授業，倡自力念佛，見佛往生，自成一格，開後世淨土法門之源流。又其隱於叢林授業修行，創山林佛教、禪淨雙修之先河。近現代學者雖在不同角度對慧遠所倡之淨土禪修有所補足，唯無動於其對中國佛教史上的地位。慧遠著作等身，有論、序、銘、贊、詩、書等各種體裁傳世，共五十餘篇，內容豐富，大小乘兼論。他以佛學為主線，廣納百家之說，具有會通儒、釋、道諸教思想的特色，對淨土宗及整個佛教有卓越絕倫的貢獻。

關鍵字：慧遠　淨土　禪觀　念佛

一、正　文

中國人傳統觀念，死後往生天國免入地獄，希望得到快樂的歸宿。淨土莊嚴清淨，是佛、菩薩的教化居所，是眾生嚮往之殊勝妙地，也是佛教各宗修行者共同追求的目標。淨土乃聖者所住

之土[1]，清淨無暇，離五濁之雜染，攝論曰：「所居之土無於五濁，如彼玻璃珂等，名清淨土。」[2]《大乘義章》十九曰：

> 「第一釋名。言淨土者。經中或時名佛剎。或稱佛界。或云佛國。或云佛土。或復說為淨剎淨界淨國淨土。」[3]

如西方淨土、彌勒淨土、靈山淨土、密嚴淨土、琉璃淨土等。《阿彌陀經》說：「從是西方過十萬億佛土，有世界名曰極樂，其土有佛，號阿彌陀，今現在說法。」這是西方極樂世界。唐・白居易《畫西方幀記》載：「有世界號極樂，以無八苦[4]四惡道[5]故也；其國號淨土，以無三毒[6]五濁[7]業故也。」

---

1 「土」即國土、世界。佛教認為，「土」唯心而現，心穢則現「穢土」，心淨則現「淨土」，淨土相對於穢土而言，一類業報相類似的眾生共同感現一個國土，稱為「依報」。

2 《法苑珠林卷第十五》

3 遠法師撰：《大乘義章》，《大正新脩大藏經》第四十四冊，頁 0834a10(00)－0834a12(05)。

4 乃眾生輪迴六道所受之八種苦果，為四諦中苦諦之主要內容。即：(一)生苦，有五種，即：(1)受胎，謂識託母胎之時，在母腹中窄隘不淨。(2)種子，謂識託父母遺體，其識種子隨母氣息出入，不得自在。(3)增長，謂在母腹中，經十月日，內熱煎煮，身形漸成，住在生臟之下，熟臟之上，間夾如獄。(4)出胎，謂初生下，有冷風、熱風吹身及衣服等物觸體，肌膚柔嫩，如被物刺。(5)種類，謂人品有富貴貧賤，相貌有殘缺妍醜等。(二)老苦，有二種，即：(1)增長，謂從少至壯，從壯至衰，氣力羸少，動止不寧。(2)滅壞，謂盛去衰來，精神耗減，其命日促，漸至朽壞。(三)病苦，有二種，即：(1)身病，謂四大不調，疾病交攻。如地大不調，舉身沉重；風大不調，舉身倔強；水大不調，舉身胖腫；火大不調，舉身蒸熱。(2)心病，謂心懷苦惱，憂切悲哀。(四)死苦，有二種，即：(1)病死，謂因疾病壽盡而死。(2)外緣，謂或遇惡緣或遭水火等難而死。(五)愛別離苦，謂常所親愛之人，乖違離散不得共處。(六)怨憎會苦，謂常所怨仇憎惡之人，本求遠離，而反集聚。(七)求不得苦，謂世間一切事物，心所愛樂者，求之而不能得。(八)五陰盛苦，五陰，即色受想行識。陰，蓋覆之義，謂能蓋覆真性，不令顯發。盛，熾盛、容受等義，謂前生老

　　淨土思想溯源於佛陀時代，唯在原始佛教裡隱而不顯，偏於居士信仰，至般若經出現時才露曙光，《大智度論》載：

「聲聞法中說念欲界天，摩訶衍中說念一切三界天。行者未得道時，或心著人間五欲，以是故佛說念天。若能斷婬欲，則生上二界天中；若不能斷婬欲，即生六欲天中，是中有妙細清淨五欲；佛雖不欲令人更生受五欲，有眾生不任入涅槃，為是眾生故說念天。如國王子在高危處立，不可救護，欲自投地；王使人數厚綿褥，墮則不死，差於墮地故。」[8]

又《般若經》曰：

「見此事已作是思惟：『我當云何方便濟拔諸有情類令具善根？』既思惟已作是願言：『我當精勤無所顧戀，修行六種波羅蜜多，成熟有情、嚴淨佛土，令速圓滿疾能證得一切智智，我佛土中諸有情類，一切成就淨勝善根，由此

病死等眾苦聚集，故稱五陰盛苦。（見《佛光大辭典》）
5 地獄、餓鬼、畜生等三惡道，加阿修羅道，則稱四惡道。
6 指貪欲、瞋恚、愚癡（又稱貪瞋癡、淫怒癡、欲瞋無明）三種煩惱。
7 五濁即指：(一)劫濁，減劫中，人壽減至三十歲時饑饉災起，減至二十歲時疾疫災起，減至十歲時刀兵災起，世界眾生無不被害。(二)見濁，正法已滅，像法漸起，邪法轉生，邪見增盛，使人不修善道。(三)煩惱濁，眾生多諸愛欲，慳貪鬥諍，諂曲虛誑，攝受邪法而惱亂心神。(四)眾生濁，又作有情濁。眾生多諸弊惡，不孝敬父母尊長，不畏惡業果報，不作功德，不修慧施、齋法，不持禁戒等。(五)命濁，又作壽濁。往古之世，人壽八萬歲，今時以惡業增加，人壽轉減，故壽命短促，百歲者稀。
8 龍樹造、鳩摩羅什譯：《大智度論》卷22，《大正藏》第25冊，頁0227c13－16。

善根，能辦種種上妙供具供養諸佛，乘斯福力隨所生處，
復能供養諸佛世尊。』」[9]

明顯地，這是佛陀為未得道者所施設的方便法門。

古印度時期，人對苦的觀念根深蒂固，在思想上十分普遍，
修行者追求人生快樂，脫離現實痛苦是人們普遍的共同祈望，這
種思想，遍及五印[10]。佛陀因材施教，教以「六念處」[11]以作脫苦，
而六念思想有生天觀念，再演變成往生淨土思想，據《佛說觀彌
勒菩薩上生兜率天經》記載：「得生於兜率天上，值彌勒，亦隨
彌勒下閻浮提」[12]，菩薩勸人往生該天，親近菩薩，以此淨化往
生淨土乃始於彌勒淨土，故知此思想源於根本佛教時代。

龍樹時代淨土思想已弘傳於世，據《十住毘婆沙論·易行品》
載：「阿彌陀本願如是：若人念稱我名自歸，即入必定得阿耨多
羅三藐三菩提。是故常應憶念。」[13]

又淨土思想在早期大乘時代已廣為弘傳，據《大乘起信論》
載：「當知如來有勝方便，攝護信心。謂以專意念佛因緣，隨願
得生他方佛土，常見於佛，永離惡道。如修多羅說……即得往生。」

---

9 唐三藏法師玄奘譯：《大般若波羅蜜多經》卷 517，《大正藏》第 6 冊。
10 五印即印度，古印度區劃為東、西、南、北、中五部，故稱。
11 又作六隨念、六念、六念法。即：(一)念佛，念佛之大慈大悲無量功德。
   (二)念法，念如來所說三藏十二部經能利益大地眾生。(三)念僧，念僧具
   足戒、定、慧，能為世間眾生作良福田。(四)念戒，念戒行有大勢力，
   能除眾生之諸惡煩惱。(五)念施，念布施有大功德，能除眾生之慳貪。(六)
   念天，念三界諸天皆因往昔修持淨戒、布施、聞慧等之善根，而得此樂
   報。（見《佛光大辭典》〔四分律行事鈔資持記卷上三之二〕p1271。）
12 宋居士沮渠京聲譯：《佛說觀彌勒菩薩上生兜率天經》卷 1，《大正新脩
   大藏經》第 14 冊。
13 龍樹造、鳩摩羅什譯：《十住毘婆沙論·易行品》，《大智度論》，《大正藏》
   第二十六冊。

[14]又《阿閦佛國經》記載：阿閦佛為建設東方淨土，於往者修行立三十九願，凡修菩薩行者，稱念諸佛名號而修般若空觀者，皆往東方淨土。又《阿彌陀經略解》言：「彼佛光明無量，照十方國無所障礙……故名阿彌陀。」[15]

西方淨土，莊嚴殊勝，自成一宗，得到普遍民眾支持，弘揚中國大乘淨土思想能開花結果，不無道理。其特色有二：其一者，往生此國者皆具有無量壽無量光，與阿彌陀佛無異；二者，西方淨土可帶業往生，又《阿彌陀經》云：「若眾生志信十念，當生此國。」[16]又「欲生阿彌陀佛國者；是諸人等，皆得不退轉於阿耨多羅三藐三菩提……」[17]，故西方淨土，眾生若往生此國依他力為主。不同於東方淨土，須以自力修般若空觀，方趣妙地。又不同於彌勒淨土建立人間淨土。

二、淨土宗之傳承

大乘佛教之淨土法門，上承天竺，其目的令眾生往生彼國，令其修成正果，在中國淨土宗之彌陀信仰，弘傳遍及全國，信徒深信生前稱念諸佛，死後往生其淨土，而西方極樂世界頗受中國僧俗奉行，大多中國信徒成為彌陀淨土的使者。

---

14 馬鳴菩薩造、梁真諦三藏譯：《大乘起信論》，《大正新脩大藏經》第 32 冊，頁 p0583a15(02)－19(04)。

15 吳郡沙門大佑述：《阿彌陀經略解》，《卍新纂續藏經》第二十二冊，頁 0550b19(93)。

16 鳩摩羅什譯：《佛說阿彌陀經》，《大正新脩大藏經》第十二冊，頁 0347b16(01)。

17 鳩摩羅什譯：《佛說阿彌陀經》，《大正新脩大藏經》第十二冊，頁 0348a14(01)－0348a15(05)

　　淨土思想自印度世親著《往生論》[18]，嗣後漢地天台智者著《觀經疏》[19]等，淨土法門才普遍流傳，唯有其學說，而無其宗。今所尊奉之淨土十祖，初以南宋宗曉法師所立蓮社七祖，即慧遠[20]、善導[21]、承遠[22]、法照[23]、少康[24]、延壽[25]、省常[26]。

18 世親造，北魏菩提流支譯。全稱無量壽經優婆提舍願生偈。又稱淨土論、往生淨土論、無量壽經論、無量壽優波提舍經論、無量壽經優波提舍、願生偈。收於大正藏第二十六冊。(見《佛光大辭典》，p3201。)
19 隋代天台智顗述。又稱觀經疏、觀無量壽經疏、觀經天台疏、天台觀經疏。收於大正藏第三十七冊。(見《佛光大辭典》，p6966。)
20 慧遠（334年－416年），俗姓賈，並州雁門樓煩縣（今山西寧武附近）人，南北朝高僧，是中觀般若學大師。傳統上認為，他曾在廬山東林寺組織蓮社，故稱廬山慧遠或東林慧遠。他弘揚西方淨土法門，被尊為淨土宗初祖。
21 唐代僧（613－681）。山東臨淄（一說安徽盱眙）人，俗姓朱。號終南大師。為淨土宗第三祖。亦即淨土宗曇鸞、道綽派之集大成者。幼年投密州明勝法師出家，誦法華、維摩等經。後得觀無量壽經，悲喜交集，乃修習十六觀。唐太宗貞觀十五年（641），赴西河玄中寺，謁見道綽，修學方等懺法，又聽講觀無量壽經。此後專事念佛，篤勤精苦，遂得念佛三昧，於定中親見淨土之莊嚴。(見《佛光大辭典》，頁p4896。)
22 唐代僧（712－802），為淨土宗第三祖。漢州（四川廣漢）人，俗姓謝。始居衡山西南之巖石下，人遺之食則食，不遺則食土泥，羸形垢面，躬負薪樵，所居之茅舍稱為「彌陀臺」，師於茲專修般舟念佛。久之，遠近風聞，人從而受教化者數以萬計，代宗時之法照國師即其門人，代宗亦曾前來參禮，並先後賜其道場「般舟道場」之號、「彌陀寺」之額。貞元十八年入寂，世壽九十一，柳宗元為撰碑文，立石於寺門之右。門弟子千餘人，其中以法照、日悟、惠詮、知明、超明等為最著。見《佛光大辭典》〔淨土聖賢錄卷三、佛祖統紀卷二十六〕p3254。
23 唐代淨土宗僧。又稱五會法師。其生卒年、籍貫均不詳。代宗永泰年中，嘗遊東吳，因慕慧遠之高風而入廬山，修念佛三昧。一日於禪定中蒙佛開示，遂往南嶽師事承遠。見《佛光大辭典》〔宋高僧傳卷二十一法照傳、卷二十七智顗傳、淨土往生傳卷下、新修往生傳卷下、新編古今往生淨土寶珠集卷一、樂邦文類卷三〕p3416
24 唐代淨土宗僧（？－805）。為淨土宗第五祖。縉雲（浙江）仙都山人，俗姓周。七歲出家，十五歲受戒於越州嘉祥寺，廣誦經論。後於洛陽白馬寺讀善導西方化導文，遂決心專修念佛。將乞食所得之錢，令孩童念阿彌陀佛一聲，即與一錢，一年後凡男女見康，即皆稱念阿彌陀佛。後

　　宋高宗時，有子元禪師撰《白蓮懺法》於內庭講解，並提倡念佛。至元時，白蓮邪教，借佛生事，有見及此，普度法師撰《蓮宗寶鑑》十卷及《廬山復教集》一卷。至清中葉，七祖之名與淨土宗結合，再加明代蓮池大師[27]、清康熙時省庵大師[28]及乾隆時際

至睦州烏龍山開淨土道場集眾念佛，每念佛一聲，口隨出一佛，念十聲出十佛，時稱之為後善導，貞元二十一年示寂。著有二十四讚、瑞應刪傳各一卷。見《佛光大辭典》〔宋高僧傳卷二十五、佛祖統紀卷二十六、蓮宗寶鑑卷四〕p1382。

25　唐末五代僧（904－975）。淨土宗六祖，法眼宗三祖。臨安府餘杭（浙江杭縣）人，俗姓王。字仲玄。號抱一子。初為吏，三十歲依龍冊寺翠巖令參禪師出家。後往天台山參謁德韶國師，初習禪定，得其玄旨。後於國清寺行法華懺，頗有感悟，於是朝放諸生類，夕施食鬼神，讀誦法華經，又精修淨業。後住明州雪竇山傳法，法席甚盛，並復興杭州靈隱寺。建隆二年（961）應吳越王錢俶之請，遷永明大道場，接化大眾，故世稱永明大師。師倡禪淨雙修之道，指心為宗，四眾欽服，住永明十五年，時人號慈氏下生。見《佛光大辭典》〔宋高僧傳卷二十八、景德傳燈錄卷二十六、傳法正宗記卷八、宗門統要續集卷二十、佛祖統紀卷二十六〕p2880。

26　宋代淨土宗僧（959－1020）。錢塘（浙江）人，俗姓顏。字造微。七歲即厭俗，十七歲受具足戒，戒行謹嚴。後住於杭州西湖昭慶寺。慕廬山白蓮社之遺風，於西湖邊結白蓮社，專修淨業，後易名為淨行社，蓋取華嚴經淨行品之意。宰相王旦為社首，士大夫預其會者前後一百二十三人，皆投詩頌，自稱淨行社弟子，比丘預者復千餘人，往昔廬山白蓮社之盛況於是再現。天禧四年入寂，世壽六十二。全身葬於靈隱山鳥窠禪師之墳側。世稱錢塘白蓮社主，又號昭慶圓淨法師。為蓮宗第七祖。見《佛光大辭典》〔佛祖統紀卷二十六、廬山蓮宗寶鑑卷四〕p3896。

27　蓮池袾宏（1535年－1615年），明代杭州仁和人，俗姓沈，法名袾宏，字佛慧，法號蓮池，故常被稱為蓮池大師，又因常在雲棲寺居住而被稱為雲棲蓮池，是中國佛教淨土宗的第八代祖師，與紫柏真可、憨山德清、蕅益智旭並稱為明末四大高僧，他提倡禪宗淨土宗兩者兼修的理論。著有《自知錄》、《竹窗隨筆》等書。

28　省庵大師(1686-1734)清代高僧，中國淨土宗第十一代祖師。俗姓時，名實賢，字思齊，江蘇常熟人。康熙二十五年(西元1686)八月初八日出生於世代書香門第，生來即不沾葷食，少時顯其聰慧醇和之本性，仿佛與生俱來便脫俗離塵。父親早亡，母親張氏知其與佛有緣，便成就其出家志願。省庵七歲時，母親領他往清涼庵禮容選和尚為師。從其受學佛典

醒禪師[29]合稱淨土十祖。

　　淨土宗自唐分成三大流派，分別為慧遠派、善導派及慈愍派三大系統，系統雖分三，而皆以往生解脫為鵠的，基本精神無異。

三、慧遠生平

　　慧遠大師（公元334－416年），東晉人，南北朝高僧，一般認為，他曾住廬山東林寺，並組織蓮社，故被人稱廬山慧遠或東林慧遠。他弘揚西方淨土法門，被尊為淨土宗初祖。大師生於雁門樓煩（今山西代縣）書香世家，俗姓賈，少慧聰敏，博學多才，貫通六經，十三歲隨舅父游學許（今河南許昌）、洛（今河南洛陽），少通儒家五經與道家老莊之學，時宿儒賢達，於其學識博深莫不嘆服。

　　公元354年，他二十一歲，欲南下訪博通經學之儒生范宣[30]，

教規，兼習世典儒書，康熙三十九年(西元1700)十五歲，正式剃度進受具戒，此時業已博通佛儒，能詩善賦，且精于書法。
29　清代僧（1741－1810）。為蓮宗第十二祖。河北豐潤人，俗姓馬。字徹悟、訥堂，號夢東。少攻舉業，精通經史。二十二歲時因病而悟人生之無常，遂禮河北三聖庵之榮池出家，翌年於岫雲寺受具足戒。先後參謁香界寺之隆一、增壽寺之慧岸、心華寺之遍空、廣通寺之粹如，遍習圓覺、法華、楞嚴、金剛、唯識等性相之旨，並嗣粹如之法，得其禪法。其後，粹如遷往主持萬壽寺，師乃繼主廣通寺，提倡禪淨雙修之道。嘉慶五年（1800）退居紅螺山（遼寧）資福寺，專以淨土為說，世稱紅螺徹悟。恆常講演，勸人念佛，為其所化者一時遍南北。嘉慶十五年，預知大限時至，十二月集眾念佛示寂，世壽七十，法臘四十九。撰有念佛伽陀、徹悟禪師語錄等。(見《佛光大辭典》〔徹悟禪師行略〕p5947。)
30　范宣字宣子，東晉陳留（今河南開封東北）人。十歲，能誦詩書。曾在後園挑菜，誤傷手指，大哭。有人問他很痛嗎？答曰：「非為痛，身體髮膚，不敢毀傷，是以啼耳！」長大後博覽群書，尤精於《三禮》。東晉時徙家豫章，設館授徒，「常以講誦為業，譙國戴逵等皆聞風宗仰」，著名畫家戴逵追隨他學習書法，范宣讀書他就讀書，范宣抄書他也跟著

與其雙雙隱居講學。唯時趙國大亂，南北戰事再起，道路受阻，南下不成，他聽說道安法師（公元 314 年－385 年）於太行恆山（今河北阜平北） 立寺傳教，並宣講《般若經》，遂改道攜弟前往聞法。聽後，大師悟徹真諦，歎曰：「儒道九流皆糠粃耳。便與弟慧持，投簪落彩，委命受業。」[31]。又被道安之高尚人格及淵博之學識所懾服，於是和弟弟發心捨俗出家為僧，隨道安法師修行，在道安門下虛心鑽研佛理，並立志弘揚佛教，人生起了大大之轉折。[32]晚年嘗致書劉遺民敘其所學云：

> ……遠乃遺其書曰。每尋疇昔遊心世典。以為當年之華宛也。及見老莊便悟名教是應變之虛談耳。以今而觀。則知沈冥之趣。豈得不以佛理為先。[33]

公元 358 年他奉道安之命，往荊州問疾於竺法汰[34]，而於荊州破斥道恒「心無義」見解。據《高僧傳·卷五·竺法汰傳》載：

抄書。後來范宣也學繪畫，《歷代名畫記》說范宣之畫為「荀衛之後，范宣第一」。釋慧皎撰：《高僧傳卷》卷六，《大正藏》第 50 冊，頁 0357c23。轉載自《維基百科，自由的百科全書》(https://zh.wikipedia. org/wiki/%E8%8C%83%E5%AE%A)。

31 釋慧皎撰：《高僧傳卷》卷六，《大正藏》第 50 冊，頁 0357c23。

32 《高僧傳》卷六：「時沙門釋道安立寺於太行恆山弘贊像法。聲甚著聞。遠遂往歸之。一面盡敬，以為真吾師也。後聞安講波若經，豁然而悟。乃歎曰：儒道九流皆糠粃耳。便與弟慧持，投簪落彩，委命受業。」

33 釋道宣撰：《廣弘明集》，《大正新脩大藏經》，第五十二冊，頁 0304a26(04)－a28(01)。

34 竺法汰（320 年－387 年），東莞人，少與道安、竺法雅等師事佛圖澄。佛圖澄圓寂後，法汰以師禮事道安。道安避難至新野，即命法汰下京。法汰與弟子曇一、曇二等二十四人，沿長江東下。途中因疾停陽口，道安遣慧遠前來問疾。

「據經引理析駁紛紜。恒仗其口辯不肯受屈。日色既暮。明旦更集慧遠就席。設難數番關責鋒起。恒自覺義途差異。神色微動。麈尾扣案未即有答。遠曰。不疾而速。杼軸[35]何為。座者皆笑矣。心無之義於此而息。」[36]

　　慧遠質詢道恒，既然「心無」豁如太虛，虛而能知，理應「不疾而速」，為何苦索思量！道恒一時無言以對。

　　慧遠大師年二十四即登堂說法，曾被聽眾就「實相」的義理提出質詢，慧遠雖以佛經的名相、概念解釋，仍未能使聽者了悟，後用莊子義理加以比喻，頓時使迷惑者豁然貫通。道安得悉此事，特准慧遠研讀佛經以外之典籍。故慧遠說法，融儒解道，風格獨特。慧遠大師著作等身，相傳鳩摩羅什大師讀到慧遠大師所著《法性論》，大加讚歎云：「邊國人未有經，使暗與理會，豈不妙哉！」

　　公元 361 年慧遠隨道安入王屋山，數年內顛沛流離，於 366 年止於湖北襄陽，隱居十二年之久。

　　公元 378 年（建元十四年）秦將苻丕攻襄陽，道安為太守朱序所拘，不能離去，遂分散徒眾於各地弘傳佛學。慧遠奉道安命，至江南弘教，住荊州上明寺，時年 45 歲。

　　公元 386 年，道安對慧遠甚為器重，慧遠師徒數十人乃隨道安至潯陽時，見廬山清靜幽雅，欲立地結舍，宣講《涅槃經》。慧遠初住龍泉精舍，後慧永請江州刺史桓伊建東林寺。江州刺史桓伊驚賞識其學問，遂奏請朝廷，準其建寺弘法，命名為東林寺，

---

35 「不疾而速」，語出《易·繫辭》。「杼柚」，是織布機部件，杼即梭子，柚即軸子，引申為反復思考的意思。

36 釋慧皎撰：《高僧傳》，《大正新脩大藏經》 第五十冊，頁 0354c16－20。

與其同窗慧永之西林寺東西相對，各自傳法。寺成，慧遠乃移居東林寺。廬山之東林寺為當時南地佛教中心，其時，慧遠於精舍率眾習禪，專事修道，精進不懈，聲譽日隆，四方高士聞風而至，不分僧俗，雲集東林，人數盛時達三千，其中棄榮修法者，不乏知名人士，如彭成劉遺民等賢者凡百廿三人。慧遠內通佛理，外善群書，為當代僧眾所欽敬。

公元 390 年（孝武帝太元十五年）慧遠與劉遺民等眾結舍發願，命名為「白蓮社」棄名捨利，從慧遠遊於經典，於般若臺精舍彌陀像前，立誓修念佛三昧，共赴西方，社眾賦詩讚誦，慧遠作序，編為一集，名《念佛三昧詩集》，為蓮宗之始。當時名士謝靈運[37]，欽敬慧遠，於寺中東西兩池，遍種白蓮，故慧遠所創之社，命名為「白蓮社」，因此，後來淨土宗又稱「蓮宗」。至元 416 年（東晉安帝義熙十二年），大師自知壽緣將盡，示寂於東林寺。慧遠長居東林寺直至圓寂，春秋八十有三，僧臘六十三年。

慧遠博覽群經，精研佛典，尤善般若空宗，著有《法性論》闡釋涅槃常住之理，聲名遠播西域各地，有大乘道士之稱，為當代群眾所敬重。慧遠長隱廬山達三十年之久，未嘗外出，曾命弟子於坊間搜尋經典原本以作翻譯，屢邀佛陀跋陀羅[38]、僧伽提婆[39]

---

37 謝靈運（385 年－433 年），祖籍陳郡陽夏（今河南太康），生於始寧（今嵊州和上虞交界），南北朝著名詩人，主要成就在於山水詩。由謝靈運始，山水詩乃成中國文學的一大流派。元嘉十年（433 年），有人告發謝靈運在廣州參與謀反，文帝下詔，於廣州行棄市的死刑。靈運頗信佛教，死前佈施，捐出自己的鬍鬚，裝飾南海祇洹寺的維摩詰菩薩佛像。謝靈運參與翻譯佛經，對梵文略有認識，曾潤飾《大般涅槃經》，撰寫《十四音訓敘》以註解《大般涅槃經・文字品》。（謝世維：《天界之文：魏晉南北朝靈寶經典研究》（台北：台灣商務印書館股份有限公司，2010，頁 82-83。）

38 佛陀跋陀羅（359 年－429 年），又稱佛馱跋陀羅、佛度跋陀羅、覺賢，古印度迦毗羅衛國（今尼泊爾境內）人，為南北朝時期著名譯師。

39 僧伽提婆，姓瞿曇氏，罽賓（今克什米爾）人，晉朝時期著名佛教高僧，

等駐錫廬山作譯經師。

　　唐朝帝王多崇信佛教，故佛教事業非常興盛。至武宗即位，以佛教非本土之教而棄之，讓成「會昌法難」[40]，佛業遭受嚴重打擊。至宣宗時，死灰復燃，唯國勢漸衰，佛業未振，加之五代十國，戰亂頻仍，王朝交迭頻繁，可謂兵慌馬亂，難民處處，寺院荒廢，經典散迭，各宗零落不堪，淨土宗亦萎靡不振。至後周世宗顯德二年更遭糕，朝廷頒下禁令，不許私度僧尼，其後更詔毀銅像及鐘磬鈸鐸等，作鑄錢之用，世稱一宗之厄[41]。其後有南方吳越大王錢鏐、錢俶等崇尚佛法，仿阿育王之舉，建造金銅寶塔，遍及全國，並遣使往日、韓搜尋經典，至使佛教事業得以復興。錢俶更被延壽法師虔誠求生西方所感動，為其建方香嚴殿，淨土宗又能續傳法燈。

　　宋代三百餘年，淨土弘傳可謂百花齊放，淨土宗深受民間接受，發展一日千里，僧俗弘傳淨土者甚多，　例如省常大師仿效廬山蓮社創西湖昭慶寺，通過結社活動，將淨土思想推廣至平民百姓。宋高宗年間，王日休居士著有《龍舒淨土文》大力提倡淨

為毗曇宗在中國的始祖。轉載自《維基百科》，網址
https://zh.wikipedia.org/zh-hk/瞿曇僧伽提婆，2014 年 3 月 2 日發表，檢
索日期 2015 年 12 月 1 日。

40 唐武宗李炎在位期間（840 年-846 年），推行一系列「滅佛」政策，以
　會昌五年（845 年）四月頒布的敕令為高峰，而會昌六年唐武宗逝世、
　唐宣宗即位以重新尊佛，滅佛就此結束。這一事件使佛教在中國受到嚴
　重打擊，史稱「唐武宗滅佛」或「武宗滅佛」。因唐武宗年號「會昌」，
　故佛教徒又稱之為「會昌法難」，將它與之前的北魏太武帝滅佛、北周
　武帝滅佛和後來的後周世宗毀佛並稱為「三武一宗」。 轉載自《維基
　百科》，網址 https://zh.wikipedia.org/zh-hk/會昌法難，2014 年 3 月 2 日
　發表，檢索日期 2015 年 12 月 1 日。

41 見上註「會昌法難」。

土思想。天台宗高僧如四明知禮[42]、慈雲遵式[43]等人宣揚淨土，不遺餘力。兩宋時期，信仰淨土之士更為普遍，省常和義和以不同觀點闡釋《華嚴經》之淨土思想。省常著重實踐[44]，義和則以揭示華嚴經文中的淨土信仰之義理為主，並著有《華嚴念佛三昧無盡燈》，以弘揚念佛法門。

　　宋初永明延壽禪師著《萬善同歸集》三卷，闡述修行不可執一法門，亦不能排斥其他法門，他著《念佛四料簡偈》認為「禪淨雙修」之修行方法最為圓滿。南宋之後，曹洞宗長蘆清了有《往生集》傳世，禪淨結合已成趨勢，其中《佛祖統紀》卷二十七《勸

---

42 四明知禮提出約心觀佛之說，並提出淨土誦佛的重要性。他認為「萬法原本具備於心，離心無別物，因此觀想佛，不過是假託觀想而觀自己的心，主要在於明心的本性」。知禮所提倡的是在心上（約心）觀佛。心與佛都兼顧到，不能只偏向一邊。四明知禮弟子神照本如還慕淨土行儀，效法慧遠，結白蓮社共修念佛之道。而知禮大師的法曾孫、天台重鎮延慶寺住持明智中立大師「行業淳實，人所信服，能以誠心修淨土觀」，並於元符年間協助門人介然法師於延慶寺西隅建「十六觀堂」，外列三聖之像，內為禪觀之所，修習觀想之道。此觀堂後來演化為今日的寧波觀宗講寺。（姚瀛艇主編：《宋代文化史》。台北：知書房出版集團，1995，頁 153。）轉載自《維基百科》，網址 https://zh.wikipedia.org/wiki/%E6%B7%A8%E5%9C%9F%E5%AE%97#.E5.AE.8B.E4.BB.A3.E7.99.BC.E5.B1.95，2015 年 7 月 27 日發表，檢索日期：2015 年 12 月 1 日。
43 慈雲遵式有《晨暮十念法》傳世，要求「晨暮必須專心念佛，盡一氣為一念，如是十氣，名為十念。隨氣長短，不限佛數，唯長唯久，氣極為度……盡此一生，不得一日暫廢。（《樂邦文集》卷四（《晨暮十念法》）轉載自：《維基百科》，網址 https://zh.wikipedia.org/wiki/%E6%B7%A8%E5%9C%9F%E5%AE%97#.E5.AE.8B.E4.BB.A3.E7.99.BC.E5.B1.95，2015 年 7 月 27 日發表，檢索日期：2015 年 12 月 1 日。
44 省常以《華嚴經‧淨行品》為號召，刺血和墨寫經，並立下發願文[，結社念佛，弘揚淨土信仰，後被追認為淨土第七祖。（姚瀛艇主編：《宋代文化史》。台北：知書房出版集團，1995。）轉載自《維基百科》，網址 https://zh.wikipedia.org/wiki/%E6%B7%A8%E5%9C%9F%E5%AE%97#.E5.AE.8B.E4.BB.A3.E7.99.BC.E5.B1.95，2015 年 7 月 27 日發表，檢索日期：2015 年 12 月 1 日。

修淨土》說:「蓮池勝友待多時,收拾身心好歸去。目想心存望聖儀,直須念念勿生疑。它年淨土花開處,記取娑婆念佛時。」是最好的憑證。

南宋時期出現了另一枝的白蓮宗,企圖擺脫傳統模式,其創始人茅子元原是天台僧侶,建白蓮懺堂,聚眾修業。其特色與傳統佛教互相對立,弊端叢生,故被教界非議,而宗門復有壞分子潛入,引致暴亂。慧遠撰《廬山蓮宗寶鑑》,闡明白蓮宗之真義,上奏朝廷,於元仁宗皇慶元年(1312 年)得以復教。元英宗至治二年(1322 年)白蓮宗遭禁斷,只能在民間流傳,並與彌勒信仰、明教等混為一體,自稱白蓮教,成為民間秘密宗教之一。[45]

及後,諸宗歿落,禪淨獨盛。禪宗重悟性,唯上根利智方易了悟;淨土方法便利,普及上中下三根,唯具足信、願、行,即能三界橫超,帶業往生,安全可靠,受諸宗大德極力推崇。中國佛教史上,念佛法門廣泛流行,而慧遠一系,旗幟鮮明,念佛結社,交結高士,名重一時。淨土法門自佛陀時代之三皈、六念而來,龍樹以此為易行道,承傳此宗。佛法本一味,唯眾生根機有別,為度生故,設立諸宗,以度群迷。自宋以後,淨土一宗成諸宗之信仰中心,至民國時,盧山慧遠結社念佛之風昌盛,可謂遍地開花,蓮社林立,人才輩出,如蓮池、憨山、智旭、實賢、際醒、周夢顏、彭紹升等僧俗,弘傳淨土,陣容鼎盛。

---

45 姚瀛艇主編:《宋代文化史》(台北:知書房出版集團,1995。)轉載自網頁:https://zh.wikipedia.org/wiki/%E6%B7%A8%E5%9C%9F%E5%AE%97#.E5.AE.8B.E4.BB.A3.E7.99.BC.E5.B1.95,2015 年 7 月 27 日發表,檢索日期 2015 年 12 月 1 日。

四、慧遠淨土思想

慧遠發心宏願，結社念佛，開淨土之祖，蓋其原因，篤信神識不滅、流轉生死。慧遠所著《沙門不敬王者論》云：

「問曰。論者以化盡為至極。故造極者必違化而求宗。求宗不由於順化。是以引歷代君王使同之佛教。令體極之至以權君統。此雅論之所託。自必於大通者也。求之實當理則不然。何者夫稟氣極於一生。生盡則消液而同無神。雖妙物故是陰陽之化耳。既化而為生。又化而為死。既聚而為始。又散而為終。因此而推。故知神形俱化原無異統。精麤一氣始終同宅。宅全則氣聚而有靈。宅毀則氣散而照滅。散則反所受於大本。滅則復歸於無物。反覆終窮皆自然之數耳。孰為之哉。若令本則異氣數合則同化。亦為神之處形。猶火之在木。其生必並其毀必滅。形離則神散而罔寄。木朽則火寂而靡託。理之然矣。假使同異之分昧而難明。有無之說必存乎聚散。聚散氣變之總名萬化之生滅。故莊子曰。人之生氣之聚。聚則為生。散則為死。若死生為彼徒苦。吾又何患。古之善言道者。必有以得之。若果然耶。至理極於一生。生盡不化義可尋也。」[46]

問者說，意謂形神合而為一，形在神在，形滅神滅，如火寂

---

46 釋僧祐律師撰：《弘明集》，《大正新脩大藏經》第五十二冊，頁0031b11(00)-0031c01(04)。

則木盡。又引莊子，氣聚則生，氣散則滅，來證明形滅則神滅。慧遠不苟同其理，他認為，形雖變易，神仍同在。形滅神在，如薪雖異而火是一也。眾生流轉不息，為無明貪愛所累，蓋貪等掩其明，往昔之業引伸現世之報；又以今世之業，招引來生之報，生生不絕，永無了期。故言：

「夫神者何耶。精極而為靈者也。精極則非卦象之所圖。故聖人以妙物而為言。雖有上智猶不能定其體狀窮其幽致而談者。以常識生疑多同自亂。其為誣也。亦已深矣。將欲言之。是乃言夫不可言。今於不可言之中。復相與而依俙。感物而非物故物化而不滅。假數而非數。故數盡而不窮。有情則可以物感。有識則可以數求。數有精麤。故其性各異。智有明闇。故其照不同。推此而論。則知化以情感神以化傳。情為化之母。神為情之根。情有會初之道。神有冥移之功。亦未有所同請引而明之。莊子發玄音於大宗曰。大塊勞我以生息我以死。又以生為人羈死為反真。此所謂知生為大患。以無生為反本者也。文子稱黃帝之言曰。形有靡而神不化。以不化乘化。其變無窮。莊子亦云。特犯人之形而猶喜之。若人之形萬化而未始有極。此所謂知生不盡於一化方逐物而不反者也。二子之論。雖未究其實。亦嘗傍宗而有聞焉。論者不尋方生方死之說。而惑聚散於一化。不思神道有妙物之靈。而謂精麤同盡。不亦悲乎。火木之喻原自聖典。失其流統。故幽興莫尋。微言遂淪於常教。令談者資之以成疑。向使時無悟宗之匠。則不知有先覺之明。冥傳之巧沒世靡聞。何者夫情數相感

其化無端。因緣密搆潛相傳寫。　自非達觀執識其變。請
為論者驗之。以實火之傳於薪。　猶神之傳於形火之傳異
薪。猶神之傳異形。前薪非後薪。則知指窮之術妙。前形
非後形。則悟情數之感深。惑者見形朽於一生。便以為神
情俱喪。猶睹火窮於一木。謂終期都盡耳。此曲從養生之
談非遠尋其類者也。」[47]

又云：

「無明為惑網之淵。貪愛為眾累之府。二理俱遊冥為神用。
吉凶悔吝唯此之動。無用掩其照。故情想凝滯於外物。貪
愛流其性。故四大結而成形形。結則彼我有封。情滯則善
惡有主。有封於彼我。則私其身而身不忘。有主於善惡。
則戀其生而生不絕。於是甘寢大夢昏於所迷。抱疑長夜所
存唯著。是故失得相推禍福相襲。惡積而天殃自至。罪成
則地獄斯罰。此乃必然之數。無所容疑矣。」[48]

迷者誤以為形朽而神喪，不知形易而神同，猶薪異而火一，
眾生貪愛不息，情滯外物，所作之業，善惡分明，報應不爽，亦
不明三世兩重因果之理，業報是有時序，或現報、或生報、或後
報之異，誤以一生為限，卻以為形滅則神滅，大謬其理，故言：

「經說。業有三報。一曰現報。二曰生報。三曰後報。現

---

47 釋僧祐律師撰：《弘明集》，《大正新脩大藏經》第五十二冊，頁
　0031c02(00)－0032a06(00)。
48 釋僧祐律師撰：《弘明集》，《大正新脩大藏經》第五十二冊，頁0033c10(03)
　－0033c19(01)。

報者善惡始於此身即此身受。　生報者來生便受。後報者
或經二生三生百生千生。然後乃受。受之無主。必由於心。
心無定司。感事而應。應有遲速。故報有先後。先後雖異
咸隨所遇而為對。對有強弱。故輕重不同。斯乃自然之賞
罰。三報之大略也。非夫通才達識入要之明。罕得其門。
降茲已還。或有始步大方以先為著龜。博綜內籍反三隅於
未聞。師友仁匠習以移性者。差可得而言。請試論之。夫
善惡之興其有漸。漸以之極則有九品之論。凡在九品非現
報之所攝。然則現報絕夫常類可知。　類非九品則非三報
之所攝。何者。若利害交於目前而頓相傾奪。神機自運不
待慮而發。發不待慮則報不旋踵而應。此現報之一隅。絕
夫九品者也。又三業殊體自同有定。報定則時來必受。非
祈禱之所移智力之所免也。將推而極之則義深數廣不可詳
究。故略而言之想。參懷佛教者以有得之。世或有積善而
殃集。或有凶邪而致慶。此皆現業未就而前行始應。」[49]

　　慧遠之淨土思想建基於《神不滅論》、《三報論》與《明報
應論》之上，《神不滅論》源出《法性論》，以「法性實有」、
「涅槃常住」，引伸出「形盡神在」之理。他以薪火之喻闡釋神
之不滅：「火之傳於薪，猶神之傳於形，火之傳異薪，猶神之傳
異形」，以人喻薪，以神喻火，人盡而神存。此身已盡，業引來
生，生生不息，永墮輪迴。故引三世因果說：「業有三報，一曰
現報，二曰生報，三曰後報。以明善惡禍福，報應分明，絲毫不

49　僧祐律師撰：《弘明集》，《大正新脩大藏經》第五十二冊，頁 0034b04(00)
　　－0034b24(06)。

差。慧遠深信「神識不滅」之說，又深懼生死無常，乃發弘願往生西方淨土。

五、慧遠念佛修持之特色

（一）自力念佛，見佛往生

慧遠之思想博雜繁多，開當時潮流之先。而他所說入道之境，必悟徹反本，即不以情累其生，生不以累其神，塵累須以禪觀清除，使神靈絕境，方能徹悟。故其以念佛求生淨土之思想，即入念佛三昧之境。由此可知，慧遠教人念佛求生淨土，必依修習禪觀，以自力為主之念佛觀想功夫而達至。經云：

> 「又諸三昧。其名甚眾。功高易進。念佛為先。何者。窮元極寂尊號如來。體神合變應不以方。故令入斯定者昧然忘知。即所緣以成鑒。鑒明則內照交映而萬象生焉。非耳目之所暨而聞見行焉。於是靈相湛一清明自然。元音叩心滯情融朗。非天下之至妙孰能與於此哉。所以奉法諸賢。咸思一揆之契。感寸陰之將頹。懼來儲之未積。洗心法堂。整襟清向。夜分忘寢。夙興唯勤。庶夫貞詣之功以通三乘之志。仰援超步拔茅之興。俯引弱進垂策其後。以此覽眾篇之揮翰。豈徒文詠而已哉。」[50]

窮玄極至才能體神合變，昧然忘知方可萬象而生，慧遠認為，

---

50 ·彭際清述：《居士傳》卷 56，《卍新纂大日本續藏經》第 88 冊，第 3卷。

念佛三昧能證入如來體性，任運神妙，顯萬象森羅之相，塵累盡
除，情執頓解，如是境界，唯念佛法門方能成就。明顯地，更加
證明慧遠之念佛三昧，著重自力，以禪觀證悟，入清靜之境。他
認為當念佛時作佛相觀，有對象方易感應。意指心是淨土，性是
彌陀，我心即佛，只要念念不斷，至一心不亂，自能往生淨土。

又慧遠之《西方發願文》序中說：

> 「夫緣化之理既明。則去來之兆顯矣。遷感之數既符。則
> 善惡之報必矣。推交臂之潛淪。悟無常之期切。審三報之
> 相催。知險趣之難拔。此其同志諸賢所以夕惕朝勤仰思攸
> 濟者也。蓋神者可以感涉而不可以跡求。必感之有物則幽
> 路咫尺。苟求之無主則渺茫何津。今幸以不謀而感僉心西
> 境。叩篇開信亮情天發。乃機象通於寢夢。欣歡百於子來。
> 於是雲圖表暉影侔神造。功由理諧事非人運。……藉芙蓉
> 於中流。蔭瓊柯以詠言。飄雲衣於八極。汎香風以窮年。
> 臨三塗而緬謝。傲天宮而長辭。紹眾靈以繼軌。指大覺以
> 為期。究茲道也豈不弘哉。」[51]

行者感流轉之苦，晨昏念佛，了此生死；諸德承淨土之願，
往生蓮邦，此乃廬山慧遠之學風，頗具特色。廬山諸賢，期生淨
土，朝夕持名，聚眾念佛，精進不懈，允為廬山僧團當世典範。

（二）德學兼備，守戒精嚴

慧遠師承道安，其師戒律精嚴，嘗謂：

---

51 居士傳》，《卍新纂續藏經》第八十八冊，頁 0187a24(02)－0187b15(01)。

此乃最急。四部不具。於大化有所闕。般若經乃以善男子
善女人為教首。而戒立行之本百行之始。猶樹之有根。常
以為深恨。若有緣便盡訪求之理。先胡本有至信。因之勿
零落。[52]

故慧遠求律心切，常歎曰：

初經流江東多有未備。禪法無聞。律藏殘闕。遠慨其道缺。
乃令弟子法淨法領等遠尋眾經踰越沙雪。曠歲方反。皆獲
梵本得以傳譯。昔安法師在關。請曇摩難提出阿毘曇心。
其人未善晉言頗多疑滯。後有罽賓沙門僧伽提婆。博識眾
典。以晉太元十六年來至潯陽。遠請重譯阿毘曇心及三法
度論。於是二學乃興。并製序標宗貽於學者。孜孜為道務
在弘法。每逢西域一賓輒懇惻諮訪。聞羅什入關。即遣書
通好曰。釋慧遠頓首。去歲得姚左軍書。具承德問。仁者
曩絕殊域。越自外境。于時音譯未交。聞風而悅。但江湖
難冥。以形乖為歎耳。頃知承否通之會。懷寶來遊至止。
有問則一日九馳。[53]

故其求律若渴，後聞曇摩流支[54]入秦，其人精於《十誦律》[55]，

52　梁代僧祐撰：《出三藏記集》，《大正藏》卷9，頁0062c。
53　釋慧皎：《高僧傳》卷九《大正藏》第五十冊，頁359。
54　意譯法樂、法希。<一>西域僧。通曉律藏，後秦弘始七年（405）至長
　　安。此前，有罽賓沙門弗若多羅誦出十誦律之大半，師乃應姚興之請，
　　誦出其餘，鳩摩羅什譯之，凡五十八卷。(見《佛光大辭典》p6237。)
55　凡六十一卷。姚秦弗若多羅、鳩摩羅什合譯。又稱薩婆多部十誦律。收

乃恭請其入盧山譯律，翻譯具足無缺，名噪一時。西元 403 年（元興二年），桓玄[56]雄據江東，自立為王，桓玄對僚屬說：

> 及見遠。不覺致敬。玄問遠。不敢毀傷。何以剪削。遠云。立身行道。玄稱善。玄後以震生之威。致書勸令登仕。遠辭堅志。踰丹石。玄欲沙汰僧尼。教僚屬曰。沙門有能伸述經誥。暢說義理。或禁行脩整。足以宣寄大化。其有違此者。悉皆罷遣。唯盧山道德所居。不在搜簡之例。[57]

　　桓玄甚為佩服慧遠大師，常與大師在盧山之北澗松林下散步，暢談《易經》，論而忘倦，並屈膝致敬。並以王威，苦勸慧遠大師棄道從政，卻被堅拒。後來桓玄下令淘汰不能講經傳道之僧人，勒令還俗，然盧山僧團則不在此列。

於大正藏第二十三冊。本書將戒律分為十項（十誦）敘述，故有此稱，為薩婆多部（部派佛教說一切有部）之廣律。律藏係整理佛陀所制定之戒律，故各部派所傳，原則相同，但細部則不一致。十誦律首舉比丘戒法有波羅夷法四條、僧殘法十三條、不定法二條、捨墮法三十條、波逸提法九十條、波羅提提舍尼四條、眾學法一〇七條、滅諍法七條，合計二五七條，除戒條外，並一一解說。其次為七法、八法、雜誦二法等十七法（十七章），係說明僧伽之組織與管理，約為他律之犍度部。其次說明比丘尼戒，計三五五條。最後附增一法、優波離問法與比丘誦。見《佛光大辭典》「十誦律」。

56 東晉名將桓溫之子，東晉末期桓楚政權建立者。曾消滅殷仲堪和楊佺期佔據荊江廣大土地，更後消滅了掌握朝政的司馬道子父子，掌握朝權。次年桓玄就篡位建立桓楚，但三個月後劉裕就舉義兵反抗桓玄，桓玄不敵而逃奔江陵重整軍力，但後再遭西討的義軍擊敗，試圖入蜀，但途中遇上護送毛璠靈柩的費恬等人，遭益州督護馮遷殺害。因曾襲父親「南郡公」之爵，故世稱「桓南郡」。

57 沙門熙仲集：《歷朝釋氏資鑑》，《卍新纂續藏經》第七十六冊 No. 0153a10(02)－0153a14(02)。

（三）開創淨土，法門源流

　　慧遠在廬山隱居三十餘年，「影不出山，跡不入俗」，每次
送客皆以虎溪[58]為界。他沒有立宗的意圖，但慧遠在初唐之後，
逐漸被認為是淨土的弘揚者，故慧遠被視為淨土之先驅者。慧遠
結社念佛，求生西方，成當時中國佛教淨土之先河，及後百餘年，
傳承不絕，先有北魏曇鸞注《往生論》[59]，繼而隋代道綽禪師著
《安樂集》[60]，至唐朝又有善導大師撰《觀經疏》[61]，脈脈相承，

58　傳說慧遠居廬山，「影不出山，跡不入俗」，每次送客遊履，常以虎溪為
　　界。而陶淵明與道士陸修靜一起訪問慧遠，歸途中，三人談笑風生，不
　　知不覺跨越了虎溪，三人相視大笑。這一傳說成了後世《虎溪三笑圖》
　　的題材，作為儒釋道三教和睦相處的象徵，長傳不衰。但根據元末陶宗
　　儀《南村輟耕錄》考證，陸修靜在元嘉末年至廬山，當時慧遠已過世三
　　十年，陶淵明已過世二十年，三人會談之說恐怕只是偽託。（見李劍鋒《陶
　　淵明及其詩文淵源研究》。山東：大學出版社，2005，頁 240。

59　凡二卷。北魏曇鸞撰。全稱無量壽經優婆提舍願生偈婆藪槃頭菩薩造并
　　註。又作淨土論註、無量壽經論註、無量壽經優婆提舍願生偈註。略稱
　　論註或註論。乃註解世親淨土論之書。收於大正藏第四十冊。本書上卷
　　首揭龍樹菩薩之十住毘婆沙論易行品，說明難、易二道。本論屬易行道，
　　明示他力之法門，謂往生淨土之要因，全仗彌陀本願力；次為總說分，
　　乃就願生偈一文逐次解釋，並設八項問答，說明願生淨土之機與一切善
　　惡凡夫相。下卷則以長行釋解義分，立有：願偈大意、起觀生信、觀行
　　體相、淨入願心、善巧攝化、離菩提障、順菩提門、名義攝對、願事成
　　就、利行滿足等十科釋經文義，並於利行滿足科之末，開顯自利利他之
　　要義，引無量壽經四十八願中之第十一、十八、二十二等願，作他力增
　　上緣之證。(見《佛光大辭典》〔歷代三寶紀卷四、法經錄卷六、東域傳
　　燈目錄卷下〕ㄱp3202。)

60　凡二卷。唐代道綽（562－645）撰。收於大正藏第四十七冊。據迦才之
　　淨土論所舉，道綽歸信淨土教，係於隋大業五年（608）四十八歲時，故
　　本書之著述時期，或在西元六○九至六四五年間。其著述目的，有多種
　　說法：或謂本書係自全部佛教教義之中，將淨土教之要義摘錄出來，而
　　非與某一特定之經典有關；或謂本書係敘述淨土三經之要義，為勸人往
　　生之書；亦有謂本書為「觀無量壽經」之要義釋，乃在宣揚往生淨土之
　　真義。本書之內容，由十二大門所成。係將佛陀一代時教分判為聖道、
　　淨土二門，並以淨土門相應於末法之鈍根眾生，故提倡念佛法門，勸人

演變有序，終成中國佛教大乘八大宗之一，慧遠功不可沒。

（四）創叢林教，禪淨雙修

　　漢魏以來，戰火頻仍，人民叫苦連天，生活困苦，紛擾不休，避居山林修行者不少，例如支遁[62]、竺法深[63]、道恆[64]⋯⋯，而慧

以念佛往生極樂世界。後世日本將佛教分為聖道門與淨土門之風氣，即由本書創始。　　蓋道綽之時代，正逢北周武帝排佛事件，當時我國佛教之末法思想非常普遍，佛教之存續問題，已形成一種危機。當時又有三論宗諸師，以淨土往生之說為有相之見，注釋攝大乘論之諸家並認為念佛為「別時意」，諸多排斥淨土法門，故道綽於此書中亦多有論辯。本書又依據大集經之五個五百年說，主張當時為第四個五百年，眾生必須依靠稱念佛名方能得救，遂極力提倡念佛法門，此一思想，後由弟子善導集其大成。此思想傳入日本後，在鎌倉時代成為法然與親鸞淨土教之骨架。(見《佛光大辭典》p2407。)

61 善導著作中較著名者有五部九卷，本書四卷即其中之一部，其餘四部為法事讚二卷、觀念法門一卷、往生禮讚偈一卷、般舟讚一卷。內容分為玄義分、序分義、定善義、散善義等四帖，解釋他力信仰之要義，可謂善導思想體系之核心。玄義分係說明觀經之旨義，序分義解釋觀經序文，定善義解釋十六觀中前十三雜想觀，散善義則解釋最後三觀。本書主張一切善惡凡夫，皆可依阿彌陀佛之願力，往生極樂淨土。以稱名念佛為正業，以讀經、禮拜、讚歎、觀察為助業，並強調如能一心專念阿彌陀佛名號，於行住坐臥間不問時節久暫，皆念念不捨者，即可往生淨土；此說對後世之影響很大。(見《佛光大辭典》〔樂邦文類卷二、往生要集義記卷五〕p6968。)

62 東晉學僧（314～366）。陳留（河南開封）人，或謂河東林慮（河南彰德）人，俗姓關。字道林，後從師改姓，世稱支道人、支道林。家世事佛，早悟無常之理，隱於會稽之餘杭山中，專研道行般若經等般若系之經典，二十五歲出家，後遊京師建康，每至講肆，善標宗會，頗為名士所激賞。時尚老莊，師每與當世倜儻之流王濛、孫綽、許詢、殷浩、謝安、王羲之等暢談莊子，言說數千，才藻驚絕，為時人所歎服。師形貌醜異，而玄談妙美，養馬放鶴，優遊山林，又善草隸，文翰冠世。(見《佛光大辭典》p1419。)

63 竺法深，晉代僧人。名潛，或稱道潛，字法深。俗姓王，琅邪郡（治所在今山東省臨沂市北）人。18歲便出家，師從富有才解久負盛名的名僧劉元真，慢慢克服了一般士族子弟習見的浮華性格，深刻鑽研了般若學的佛學理論，加上相貌堂堂，談吐風雅，在京城長安已小有名聲。至24

遠更長隱廬山念佛度生，更於廬山東林寺別置禪林，實施所謂定
心別時念佛，將晝夜分為六時——晝三度、夜三度，使學眾按時
念佛坐禪。慧遠於《念佛三昧詩集序》載：

> 夫稱三昧者何？專思寂想之謂也。諸三昧，其名甚眾，功
> 高易進，念佛為先。[65]

又經云：

> 何因致現在諸佛悉在前立三昧。如是陀和。其有比丘比丘
> 尼。優婆塞優婆夷。持戒完具。獨一處止。心念西方阿彌
> 陀佛。今現在隨所聞當念。去是間千億萬佛剎。其國名須
> 摩提。在眾菩薩中央說經。一切常念阿彌陀佛。佛告陀和。
> 譬如人臥出於夢中。見所有金銀珍寶。父母兄弟妻子親屬
> 知識。相與娛樂喜樂無輩。其覺已為人說之。後自淚出念
> 夢中所見。如是陀和菩薩。若沙門白衣。所聞西方阿彌陀
> 佛剎。當念彼方佛不得缺戒。一心念若一晝夜。若七日七

歲時，獨自登壇講學，所講《正法華經》、《大品般若經》，義理深奧，剖
析明白，前來聽講受業者常濟濟一堂，多達五六百人。轉載自《維基百
科》網頁：（http://www.twwiki.com/wiki/%E7%AB%BA%E6%B3%95%E6
%B7%B1）。

64 東晉僧（346－417）。鳩摩羅什之門人。陝西藍田人。年二十出家，研習
內外諸典，多所通達。鳩摩羅什入關後，師即投其門下，並參與譯事。
後秦之主姚興嘗勸師與同學道標還俗，共理國政。師與道標均不從，師
且遁居山中。主張觀心空無之「心無義」，受到竺法汰、曇壹、慧遠等人
之排斥。著有釋駁論、百行箴。義熙十三年示寂，世壽七十二（見《佛
光大辭典》，p5638。）

65 慧遠著：《念佛三昧詩集序》，收於《廣弘明集》卷三十，《大正藏》
五十二，頁 351 中。

夜。過七日以後。見阿彌陀佛。於覺不見。於夢中見之。
譬如人夢中所見。不知畫不知夜。亦不知內不知外。不用
在冥中故不見。不用有所蔽礙故不見。如是陀和。菩薩心
當作是念。時諸佛國界名大山須彌山。其有幽冥之處悉為
開闢。目亦不蔽。心亦不礙。是菩薩摩訶薩。不持天眼徹
視。不持天耳徹聽。不持神足到其佛剎。不於是間終。生
彼間佛剎乃見。便於是間坐。見阿彌陀佛。聞所說經悉受
得。從三昧中悉能具足。為人說之。譬若有人。聞墮舍利
國中。有婬女人名須門。若復有人。聞婬女人阿凡和梨。
若復有人。聞優陂洹作婬女人。是時各各思念之。[66]

故認為念佛三昧是往生西方淨土最佳之方法。慧遠所謂念
佛，即憶念、誦念佛之功德之意。念佛有稱名念佛和觀想念佛之
別。觀想念佛為禪法十念之一，這與後世淨土宗所提倡的稱名念
佛修行不完全一樣。觀想念佛就是觀佛的相好，這是偏於禪觀，
誦念的本意也是要通過口誦而攝心歸一，最後達到清淨靜慮。此
種禪淨並重的法門，開啟了後世禪淨雙修的起源，也造就了廬山
蓮社的特殊宗風，開創山林佛教之特色，對中國淨土開宗有很大
影響。

（五）以道解佛，相互融攝

慧遠以道家的宇宙創生實體取代佛教「空」的概念。此外，慧
遠用「神」的概念，取代了佛教「無我」的概念，使「神」同時變

成認知的主體與被認知的客體，是一種道佛的混合體，以道解佛，別具特色。

慧遠出家不久即登堂說法，在弘法時常引《莊子》的概念和義理，以疏解佛教中較艱深或抽象之詞：

> 遠乃引莊子義為連類，於是惑者曉然，是後安公特聽慧遠
> 不廢俗書。[67]

以《莊子》中的義理作為類比來啟發他人，使問者疑問馬上迎刃而解，這種運用聽眾比較熟悉的《莊子》來解釋較陌生的範疇和思想理論，是魏晉佛教界當時慣用之法──「格義」[68]。此外，慧遠認為以道解佛更能體驗《大智度論》的風格和辭美，《大智論抄序》云：

> 「登其涯而無津，挹其流而弗竭。汪汪焉莫測其量，洋洋
> 焉莫比其盛。雖百川灌河，未足語其辯矣。雖涉海求源，
> 未足窮其邃矣。」[69]

又〈秋水〉篇云：

> 北海若曰：「井蠶不可以語於海者，拘於虛也；夏蟲不可

---

67 慧皎：《高僧傳》，卷 6，頁 212。

68 格義，漢傳佛教術語，是南北朝時代流行的一種佛教詮釋學，以中土思
想跟典故，比擬配合，使人易於了解佛教思想的方法，相傳始於竺法雅。
《高僧傳》：「以經中事數，擬配外書，為生解之例，謂之格義。」

69 慧遠：《大智論抄序》，《出三藏記集》卷 10，《大正藏》第 55 冊，
頁 76 上。

以語於冰者，篤于時也；曲士不可以語於道者，束於教也。
今爾出於崖涘，觀于大海，乃知爾醜，爾將可以語大理矣。
天下之水，莫大于海，萬川歸之，不知何時止而不盈；尾
閭泄之，不知何時已而不虛；春秋不變，水旱不知。此其
過江河之流，不可為量數。[70]

　　慧遠以〈秋水〉篇之汪洋大海來比喻《大智度論》之淵博，
借此歌頌佛典，故知他對《莊子》之連類運用甚為純熟，令人易
懂易明，十分巧妙，效果亦佳。

　　慧遠在論述形神關係時，充分運用《莊子》之義理。他以莊
子所說物與道的關係理解為形神關係，《沙門不敬王者論》載：
「圓應無生，妙盡無名，感物而動，假數而行。感物而非物，故
物化而不滅。假數而非數，故數盡而不窮。」[71]這與莊子之「物
物而不物於物」[72]（意謂：駕馭外物（物欲），而不為外物（物
欲）所驅使。）　同出一轍。慧遠說明事物之變化是「冥移」而
不是消失。他以薪火為喻來論證「形盡神不滅」的理論，《沙門
不敬王者論》：

　　火之傳於薪，猶神之傳於形；火之傳異薪，猶神之傳異形。
　　前薪非後薪，則知指窮之術妙；前形非後形，則悟情數之
　　感深。惑者見形朽於一生，便以為神情俱喪，猶睹火窮於

70　莊子撰，黃錦鋐注譯：〈外篇·秋水第二十〉，《新譯莊子讀本》（臺灣：
　　三民書局，2006 年 1 月），頁 213。
71　慧遠：《沙門不敬王者論》，收入《弘明集》卷 5，《大正藏》第 52 冊，
　　頁 31 下。
72　莊子撰，黃錦鋐注譯：〈外篇·山木第二十〉，《新譯莊子讀本》（臺灣：三
　　民書局，2006 年 1 月），頁 257。

一木，謂終期都盡耳。[73]

　　他認為火焰既可在木頭上燃燒，就能證明神亦可以在不同的
形體上存在。觀其從「形盡神不滅」的論證來看，他的思維已進
入《佛性論》[74]之中，在當時來說，慧遠確實表現出前瞻性的思
維。

六、結　論

　　慧遠長居廬山弘法修行，名僧官紳以及天下文士蜂擁入廬山
求學，名燥一時，加上其人虛懷若谷，志大願宏，八方人才雲集，
一時無兩，為淨土宗日後的弘揚打下堅實的基礎，更成為南方佛
法之樞紐。

　　慧遠以觀想方法入念佛三昧而見佛往生，將妄心收攝至窮玄
極寂，隨宜應物之境，是為其教；他從定中覺悟而見佛知見，皆
自力而得，是為其力；他認為彌陀是應身，淨土是應土，隨緣化
現，而非報土，他將淨土分為三種：一者「事淨土」，凡夫修善
業求諸天福報，死後往生欲界諸天之果報；二者「相淨土」，修
行者厭倦世間苦惱，而生出離心或發悲泯苦難眾生之心，以淨業
達至阿羅漢、菩薩之境；三者真淨土，修行者福慧圓滿而往生之
土 —— 即佛境，而三淨土皆由業因感召，是為其土。

---

73 慧遠：《沙門不敬王者論》，收入《弘明集》卷 5，《大正藏》第 52 冊，
　　第 36 頁下。
74 世親論佛性有三種：(一)凡夫生來本具之佛性，(二)經過修行顯現之佛
　　性，(三)達到佛果所具之佛性。

　　慧遠的淨土觀較著重哲理性，故歷來對慧遠的念佛及觀佛諸
相之禪觀評為上根利智者所設，非利於大多數人的修習，其念佛
係屬觀想念佛，而非稱名念佛，必須修習禪定，方能入三昧之境
界。蓋其禪觀之條件除嚴守戒律及理解佛理外，還須具有想像力、
生活安穩，有一定程度之文化內涵素養，方能成就；與仗佛加庇，
往生淨土，對普遍信仰者的需求有所落差，故被後世稱其禪觀淨
土為「難行道」，蓋未能滿足普遍苦難民眾的要求。

　　近現代著名學者對慧遠禪觀雖有不同評價，如呂澂先生認為
他的禪觀屬小乘部派，他認為《法性論》[75]源於《阿毘曇心論》[76]
而出，以一切法實有，泥洹之不變為性，非大乘不變之性，而是
小乘諸法自性不變，故《法性論》仍在小乘之列。然慧遠在《大
智度論鈔序》載：「有有則非有。無無則非無。何以知其然。無
性之性謂之法性。法性無性。因緣以之生。生緣無自相。雖有而
常無。常無非絕有。猶火傳而不息。」[77]呂澂認為這種「無性為
性」之說，有中觀思想之痕跡，相信是受道安影響，對當時學術
界算是很突破了。[78]

　　安藤俊雄先生認為慧遠提倡「般舟念佛」只屬形式上，實際

75 東晉廬山慧遠撰。今已失佚，僅於梁高僧傳卷六慧遠傳中引用一部分。
　內容旨在論述佛陀之常住不變。然慧遠之時代，世人尚不知「涅槃常住」
　之說，故鳩摩羅什亦讚譽本論見識之高卓。又本論可略窺阿毘曇之精神，
　故推論其著作年代約於太元六年至太元十六年（381－391）之間，即慧
　遠辭別其師道安而入廬山，至譯出阿毘曇心論之間。」見《佛光大辭典》
　p2407。
76 凡四卷。略稱心論。印度法勝造，東晉僧伽提婆及慧遠合譯。收於大正
　藏第二十八冊。以發智論、六足論為基礎的說一切有部，因大毘婆沙論
　之編集而確立了說一切有部之立場。。見《佛光大辭典》p3650。
77 釋僧祐撰：《出三藏記集》卷 10，《大正藏》五十五，頁 0076a。
78 呂澂著：《中國佛學思想概論》。臺北：天華出版社，1991，頁 91。

未能結合安世高念佛與支讖重智二系禪[79]。蓋慧遠曾請佛馱跋陀羅在廬山譯出的《禪經》與羅什大師在長安所譯的《坐禪三昧經》等禪經相對而論，故早期所譯之禪典分為二系，即安世高重禪數的小乘禪及支讖重視禪智的大乘禪。然而慧遠的禪觀定位既有大乘，亦有小乘，依此而論，故安藤俊雄先生言，廬山慧遠之般舟念佛禪只屬形式上。[80]

慧遠法師倡導依《般舟三昧經》修行念佛三昧，認為比較簡易方便而可行的方法，《般舟三昧經》中說：「有三昧名定意，菩薩常當守習持，不得復隨餘法，功德中最第一。」[81]然而「定中見佛」是何等境界？慧遠法師曾與鳩摩羅什互相討論，最後歸納為《大乘大義章》一書。誠然定中見佛仍有不少疑惑，唯慧遠法師的念佛禪觀，將禪觀與淨土往生極樂結合而行。

田博元先生認為他的禪觀結合了安世高系的小乘禪與支讖一系的大乘般若。[82]慧遠繼承東晉道安法師所提倡禪智兼修，將禪和智的結合，〈廬山出修行方便禪經序〉載：

> 禪非智，無以窮其寂；智非禪，無以深其照，然則禪智之要，照寂之謂，其相濟也：照不離寂，寂不離照，感則俱游，應必同趣……，運群動以至一而不有，廓大像於未形而不無，無思無為，而無不為。是故洗心靜亂者，以之研

79 慧皎撰：《高僧傳》卷六，《大正藏》五十，頁360。
80 安藤俊雄：〈慧遠研究・研究篇〉，頁280，收入安藤俊雄、（日）木村英一主編：《東海佛教》第5輯，（昭和34年6月(1959))，頁5(轉自學佛網：http://wuming.xuefo.net/nr/0/4731.html)。
81 支婁迦讖譯：《般舟三昧經》卷1，《大正新脩大藏經》第13冊。
82 田博元：《中國歷代思想家》（十七）（臺灣：臺北商務印書館，1987年），頁16。(轉自學佛網：http://wuming.xuefo.net/nr/0/4731.html)鳩摩羅什：《大乘大義章》，頁45－856。

慮，悟徹入微者，以之窮神也。[83]

　　《廬山出修行方便禪經》本是小乘「說一切有部」的產物，慧遠以大乘禪法融攝，並用般若智連繫貫穿，以大攝小。由此角度，田博元先生視其為大乘一系般若禪法。慧遠以念佛三昧為實踐修行，這種以往生西方淨土為目標，提倡禪定與淨土信仰相結合的禪學思想，使東林遺風傳承不絕。因此，在中國佛教發展史上的影響甚大。

---

83 釋僧祐撰：《出三藏記集》，《大正新脩大藏經》第五十五冊，頁
　　0065b28(03)－0065c04(01)。

略論藥師與淨土

摘　要

　　「生」與「死」是人生在世最難解決的問題，藥師佛的十二大願內容，從根本上說，不單體現藥師如來的菩薩心腸，而且注重佛陀關懷眾生的慈悲本懷。藥師法門具有濟度群生的特色，它的基本特質是重視現生，而與人間佛教的基本精神相符，主要突出個「生」字，這與人間佛教的實踐取向更加接近。本文旨在闡述藥師法門以人間淨土為實踐目標，並介紹藥師佛的文化、信仰及內涵──立足於現世，願景於來世，重視此岸，嚮往彼岸。故此，藥師佛文化能夠適應當前人類生活實況和時代需求及多元化的宗教信仰，弘揚藥師佛的文化使人們關注身、心健康的問題，更能重視靈性的發展，使人與自然達致和諧之境。

　　關鍵詞：藥師佛　人間佛教　東方淨土　琉璃光世界

一、引　言

　　藥師佛在中國南朝劉宋後極為盛行，唯與阿彌陀佛信仰相比，則未及也。雖然如此，藥師佛消災延壽之功德則深入民心，治頑疾、去百病、避橫禍、益壽命……屢有記之。唐宋時，不少騷人墨客亦有對藥師如來撰文、信奉，例如蘇軾曾撰《藥師琉璃光佛贊並引》，文曰：

佛弟子蘇篇，與其妹德孫，病久不愈。其父過，母范氏，
供養祈禱藥師琉璃光佛，遂獲痊損。其大父軾，特為造畫
尊像，敬拜稽首，為之讚曰：我佛出現時，眾生無病惱。
世界悉琉璃，大地皆藥草。我今眾稚孺，仰佛如翁媼。面
頤既圓平，風末亦除掃。弟子篇與德，前世衲衣老。敬造
世尊像，壽命仗佛保。[1]

大文豪蘇軾亦禮佛求福，信奉藥師，由此可知，藥師在坊間
流行之情況，而文士之信仰，自然對弘傳藥師法門有一定的影響。
當然，藥師的靈驗故事傳遍民間，也起了一定的作用。藥師佛為
菩薩時所發的十二大願，願曰：「若眾生稱念其號、虔誠供養，
皆令諸眾生不墮惡趣，去災除苦，長壽富饒。」此種種功德極符
合現實世間的民眾要求，因而普及各階層，深受歡迎。

東方琉璃淨土之教主為藥師佛，而藥師佛所依之經典為《藥
師經》。藥師佛之信仰自古盛行，依唐代義淨譯《藥師琉璃光七
佛本願功德經》（簡稱《藥師經》） 載，藥師佛又作七佛藥師
又稱吉祥王如來、寶月智嚴光音自在王如來、金色寶光妙行成就
如來、無憂最勝吉祥如來、法海雷音如來、法海慧遊戲神通如來、
藥師琉璃光如來。其中前六如來為藥師如來之分身。七佛藥師法
則為日本台密四大法之一，如以藥師如來為本尊，修息災等法，
則稱為藥師法。

藥師，又作藥師如來、藥師琉璃光如來、大醫王佛、醫王善
逝、十二願王，為東方淨琉璃世界之教主，此佛能醫治眾生之疾

---

1 陳文帝：《藥師齋懺文》，《大正藏》第 52 冊，第 334 頁中下。

病，故名為藥師；能照亮三界之黑暗，故名琉璃光。此佛亦曾於過去世行菩薩道時發十二大願，解除眾生疾苦，使具足諸根善舉，證得解脫。故依此願住淨琉璃世界，其國莊嚴，不可思議，若有人身患危疾，將死之際，眷屬親友於其臨命終時一切時中，供養禮拜此佛，讀誦藥師如來本願功德經四十九遍，燃四十九燈，造四十九天之五色綵幡，其人得以續其命。[2]

淨琉璃世界，又稱東方淨琉璃世界、琉璃光世界、琉璃世界、東方淨土，在佛教中，是藥師琉璃光如來的願力所成的淨土，據《藥師經》載：

> 爾時、曼殊室利法王子，承佛威神，從座而起，偏袒一肩，右膝著地，向薄伽梵，曲躬合掌。白言：「世尊！惟願演說如是相類諸佛名號，及本大願殊勝功德，令諸聞者業障銷除，為欲利樂像法轉時諸有情故」。……佛告曼殊師利：「東方去此，過十殑伽沙等佛土，有世界名淨琉璃，佛號藥師琉璃光如來、應、正等覺，明行圓滿、善逝、世間解、無上士、調御丈夫、天人師、佛、薄伽梵。」「曼殊室利！彼世尊藥師琉璃光如來本行菩薩道時，發十二大願，令諸有情，所求皆得」。[3]

此土於東方過十恆河沙處，與阿閦佛、阿彌陀佛相互輝映的佛化國土。琉璃，青色寶石，產於印度的一種天然物質，散發淨光，

---

2 見《佛光大辭典》：續高僧傳卷三十隋真觀傳、宋高僧傳卷二十四唐元皎傳、出三藏記集卷五新集疑偽撰雜錄、古今圖書集成神異典第九十一佛像部」p6694。

3 大正藏（T）第 14 冊，No.0450《藥師琉璃光如來本願功德經》第 1 卷，頁0404c15－0405a01。

為佛家七寶之一。以此寶石光明來比喻藥師佛的琉璃世界，淨澈光明，依《藥師如來本願經》所說，此一佛土清淨莊嚴，去除八苦，離三惡道；以琉璃鋪地、以金繩為界，以七寶建築城闕宮閣等，與西方極樂世界清淨無異，佛土還有日、月光兩位菩薩[4]為輔助。

二、《藥師經》譯注

藥師琉璃光如來本願功德經（梵文：Bhaiṣajya-guru-pūrva-praṇidhāna-viśeṣa-vistara），收於《大正藏》經集部，略稱為《藥師經》，又名《十二神將饒益有情結願神咒》。本經敘述藥師佛於過去世修菩薩行，為利導眾生發十二大願，着重對眾生現世苦厄的救濟和福樂獲得。藥師琉璃光如來又稱藥師佛，是救濟世間疾苦的大醫王。

唐代玄奘譯《藥師琉璃光如來本願功德經》，略稱《藥師如來本願功德經》、《藥師本願功德經》、《藥師本願經》、《藥師經》。收於大正藏第十四冊。本經漢譯有五種（一說四種），依其譯出時間之先後為：（一）東晉帛尸梨密多羅譯（317～322）本，（二）劉宋慧簡譯（457）本，（三）隋代達磨笈多譯（615）本，（四）唐代玄奘譯（650）本，（五）唐代義淨譯（707）本。其中前三譯係強調藥師佛之功德，稱為藥師隨願經。義淨所譯者，稱為藥師琉璃光七佛本願功德經，或七佛藥師經；詳述七佛藥師

---

4 見《佛光大辭典》：日光，梵名 Sūrya-prabha。又作日曜菩薩、日光遍照菩薩。藥師如來二脅侍之一。身呈赤紅色，左掌安日輪，右手執蔓朱赤花。〔藥師如來本願經、灌頂經卷十二、藥師琉璃光如來本願功德經〕〔祕藏記、胎藏界七集卷中〕ㄱp1452 月光菩薩，釋尊於過去世修菩薩行，現國王身時之名。曾施頭於婆羅門。（參閱「月光王」1463）。

之本願及其陀羅尼。西藏譯本有二種，一種相當於玄奘所譯，另一譯相當於義淨譯本。一九三一年在吉爾吉特附近一個窣堵波中，考古學家發現了幾部梵本《藥師經》。一般最通行者為玄奘譯本，具有密教性質，以說明現世利益與淨土往生之思想為其特質。本經之注疏有實觀之藥師本願經義疏三卷，及窺基、靖邁、神泰、遁倫、憬興等之《藥師本願經疏》各一卷、太賢之《藥師本願經古迹》二卷等。[5]清‧淨挺著《藥師經燈焰》一卷、清‧靈耀撰《藥師經直解》一卷、民國‧太虛大師講，竺摩記《藥師經講記》、民國‧印順導師講，妙峰、常覺記《藥師經講記》等。並傳有眾多念誦、觀行儀軌等行法。

三、《藥師經》的內容及功德

本經為佛應曼殊室利的啟請，說明東方淨琉璃世界藥師如來的功德，並詳述藥師如來因地所發的十二大願：生佛平等願、開曉事業願、無盡資生願、安立大道願、戒行清淨願、諸根具足願、身心康樂願、轉女成男願、回邪歸正願、從縛得脫願、得妙飲食願、得妙衣具願。此十二大願是藥師如來在因地修行的廣大行願，而其果德，也就是受報國土東方淨琉璃世界。藥師佛注重為眾生求得現世的安樂，以念佛、持咒、供養等善巧方便度化眾生，經中並宣說為現世眾生救病、救國難、救眾難，用以消災延壽的法門。[6]藥師的十二宏願與現代世間緊密相連，茲錄如下：

---

5 見《佛光大辭典》：〔開元釋教錄卷三、卷七、法經錄卷一、卷四、出三藏記集卷五新集疑經偽撰雜錄、至元法寶勘同總錄卷二〕p6695。

6 維基百科網頁：https://zh.wikipedia.org/wiki/%E8%97%A5%E5%B8%AB%E7%B6%93。(引用日期：2016.9.29)

藥師佛十二宏願

第一大願：願我來世得阿耨多羅三藐三菩提時，自身光明，
　　熾然照曜無量無數無邊世界，以三十二大丈夫相、八
　　十隨好，莊嚴其身；令一切有情，如我無異。

第二大願：願我來世得菩提時，身如琉璃，內外明徹，淨
　　無瑕穢，光明廣大，功德巍巍，身善安住，焰網莊嚴，
　　過於日月；幽冥眾生，悉蒙開曉，隨意所趣，作諸事
　　業。

第三大願：願我來世得菩提時，以無量無邊智慧方便，令
　　諸有情，皆得無盡所受用物，莫令眾生有所乏少。

第四大願：願我來世得菩提時，若諸有情行邪道者，悉令
　　安住菩提道中；若行聲聞獨覺乘者，皆以大乘而安立
　　之。

第五大願：願我來世得菩提時，若有無量無邊有情，於我
　　法中修行梵行，一切皆令得不缺戒，具三聚戒。設有
　　毀犯，聞我名已，還得清淨，不墮惡趣。

第六大願：願我來世得菩提時，若諸有情，其身下劣，諸
　　根不具，醜陋、頑愚、盲、聾、瘖、瘂、攣、躄、背
　　僂、白癩、癲狂、種種病苦；聞我名已，一切皆得端
　　正黠慧。諸根完具，無諸疾苦。

第七大願：願我來世得菩提時，若諸有情，眾病逼切，無
　　救無歸，無醫無藥，無親無家，貧窮多苦，我之名號，
　　一經其耳，病悉得除，身心安樂，家屬資具，悉皆豐
　　足，乃至證得無上菩提。

　　第八大願：願我來世得菩提時，若有女人，為女百惡之所
　　　　　　　逼惱，極生厭離，願捨女身；聞我名已，一切皆得轉
　　　　　　　女成男，具丈夫相，乃至證得無上菩提。

　　第九大願：願我來世得菩提時，令諸有情，出魔羂網，解
　　　　　　　脫一切外道纏縛；若墮種種惡見稠林，皆當引攝置於
　　　　　　　正見，漸令修習諸菩薩行，速證無上正等菩提。

　　第十大願：願我來世得菩提時，若諸有情，王法所錄，縲
　　　　　　　縛鞭撻，繫閉牢獄，或當刑戮，及餘無量災難凌辱，
　　　　　　　悲愁煎迫，身心受苦；若聞我名，以我福德威神力故，
　　　　　　　皆得解脫一切憂苦。

　　第十一大願：願我來世得菩提時，若諸有情，飢渴所惱，
　　　　　　　為求食故造諸惡業；得聞我名，專念受持，我當先以
　　　　　　　上妙飲食，飽足其身；後以法味，畢竟安樂而建立之。

　　第十二大願：願我來世得菩提時，若諸有情，貧無衣服，
　　　　　　　蚊虻寒熱，晝夜逼惱；若聞我名，專念受持，如其所
　　　　　　　好，即得種種上妙衣服，亦得一切寶莊嚴具，華鬘塗
　　　　　　　香，鼓樂眾伎，隨心所翫，皆令滿足。[7]

　　藥師佛在菩薩位時所發之十二大願，目的為了服務眾生，幫
助眾生，愛護眾生，順從如來之舉，其願如下：　藥師佛在因地
發的第一大願是「生佛平等」，使一切有情眾生，像他一樣擁有
美好莊嚴形象。這與釋迦時期所提出的廢除種性制度，倡立眾生
平等，同一口徑，又與現今的社會大眾爭取民主自由的基本權利
是一致的。第二大願是「開曉事業」，藥師佛希望成佛那時，身

---

7 唐・玄奘譯：《大正新脩大藏經》第 14 冊 No.450 《藥師琉璃光如來本
　願功德經》第 1 卷，頁 0405a07－0405b22。

體如琉璃一樣，通體透明，光耀大地，猶勝日月，以開啟愚昧眾生的心志，使其成就一切祈求之事業。這又與現代社會提供就業機會，各適其適，安立職工無異。第三大願是「生活保障」，藥師佛希望成佛那時，讓世間有情物質財富均不匱乏。如是，則社會對貧富懸殊的問題，便迎刃而解，人人都富足，搶劫等非法等事就不會發生。唐朝盛世，有此一例，「夜不閉戶」，天下太平、富足。第四願是「安立大道」藥師佛希望成佛那時，能令誤入歧途的修行者，重返正道，證真知見；又令小乘修行者，棄小乘依大乘，入佛知見。這與社會工作者引導犯了法的人，而須重投社會工作一樣，甚至要求改過從善者現身說法，這種對犯事者不離不棄的行為，甚為契合藥師佛的精神。第五願是「戒條清淨」，若諸眾生於修行過程中毀犯戒律或戒未圓滿，只要頌我名號必能修復。這與社會犯事者守行為一樣，刑期滿時，便再無法律責任一樣，功過相抵。第六願是「諸根具足」，若諸眾生有先天不足，後天殘缺者，只要聞藥師名號便得治癒。這與社會醫療系統一樣，人有惡疾，如血管阻塞或硬化，只須接受「通波仔」手術，便能痊癒。第七願是「身心康泰」，若有眾生患病無依者，聞藥師佛名號，必能安寧愉悅，得其所醫。這與現代無親無故的單身人事一樣，得到社會福利保障，人人有屋住，個個有醫療，有所接濟，無有缺乏的社會福利。第八願是「兩性平權」，若有眾生聞我名號，來世便得男身，具丈夫相。這與社會男女平等一樣，女性當權者，不乏其人，例如德國、韓國、英國……都有女性當權，主理國家，而現今女性在社會擔任高位者，比比皆是。第九願是「解除魔障」，若有眾生聞我名號，使其不受邪惡困擾，若已受困擾，則令其速速遠離，引導眾生修習菩薩道，出離生死。這與誤入黑

社會的眾生無異，藥師佛就好比偵探，搗破賊巢，拯救受害者一樣，令其重見光明，重獲自由。第十願是「牢獄逼迫」，若有眾生聞我名號，即使身陷牢獄，或承受刑法而遭受綑綁鞭撻，身心受苦，而心生悔改，皆得脫困。這與社會遭奸人陷害，受盡凌虐，沉冤得雪的情況相同。第十一願是「為食造業」，若有眾生，為求裹腹，種下惡業，聞我名號，可免其業及以正法灌之，美食供之。這與生活困難的人，偷搶飽腹，被善人布施食物，再教導正見，改過自新，止惡從善無異。第十二願是「缺衣蚊叮」，若有眾生，生活貧困，衣不蔽體，受四季冷熱所逼，聞我名號，奉行正法，隨其所應，妙衣上服，裝飾用具，隨心所欲，得到實現。這個與社會乞兒生活無依，露宿街頭，衣衫破爛一樣，得到社會幫助，解決生活困難。

　　世俗人生活四大必須條件——衣、食、住、行，如果連基本生活條件都無法達到，還談什麼修行呢？畢竟人道的眾生上善根者，鮮矣！人間物慾仿似洪水猛獸，非一般眾生所能抵受。所以藥師如來的願行更貼近人間、更適合人間、更了解人間。

　　華嚴經載：「三界唯心，萬法唯識。」一切世界，皆依各眾生之業、願而易見，清靜穢污，隨其業力所依而生其土。藥師法淨土法門之功德修持著重於現世，消災延壽於當下，避免橫禍，經云：

> 爾時，阿難問救脫菩薩言：「善男子！云何已盡之命而可增益？」救脫菩薩言：「大德！汝豈不聞如來說有九橫死耶？是故勸造續命幡燈，修諸福德；以修福故，盡其壽命，不經苦患。」阿難問言：「九橫云何？」救脫菩薩言：「若

諸有情，得病雖輕，然無醫藥及看病者，設復遇醫，授以
非藥，實不應死而便橫死。又信世間邪魔、外道、妖之師，
妄說禍福，便生恐動，心不自正，卜問覓禍，殺種種眾生，
解奏神明，呼諸魍魎，請乞福祐，欲冀延年，終不能得；
愚癡迷惑，信邪倒見，遂令橫死，入於地獄，無有出期，
是名初橫。二者，橫被王法之所誅戮。三者，畋獵嬉戲，
耽婬嗜酒，放逸無度，橫為非人奪其精氣。四者，橫為火
焚。五者，橫為水溺。六者，橫為種種惡獸所噉。七者，
橫墮山崖。八者，橫為毒藥、厭禱、呪詛、起屍鬼等之所
中害。九者，飢渴所困，不得飲食而便橫死。是為如來略
說橫死，有此九種。其餘復有無量諸橫，難可具說。[8]

經中明言，修此藥師法者，或持咒，或稱佛號，皆令眾生臨
命終時，於未來世往生琉璃淨土，現在世轉危為安，消災脫困，
延年益壽，眾生修此法門，可免九種橫禍：1.乏醫救治，而遭橫
死；2.因犯國法，而遭處決；3.耽於淫樂，縱欲而亡；4.於大海中，
而遭溺斃；5.陷入火災，冤枉送命；6.途經山林，惡獸所食；7.
誤墮懸崖，橫屍郊野；8.為人咒詛，毒藥所害；9.飢渴所困，死
於橫禍。

藥師佛在因地修行時，發十二大願，令諸有情袪病除疾，身
心安樂，災難消弭，以人病為己病；以他身為己身。這種慈悲之
心，正正顯示與大乘佛法救度之行為無異。值得注意的是，藥師
佛較注重現世安樂，為現世眾生消災延壽。

---

8 唐・玄奘譯：大正藏 (T)第 14 冊，No.0450《藥師琉璃光如來本願功德經》
  第 1 卷，頁 0407c28。

四、大乘藥師如來信仰

　　據學者考究指出，早在北魏孝昌元年（公元五 525 年）有比丘尼在洛陽古陽洞南壁造藥師像；東魏時，天平二年（公元 535 年）有楊元寄造藥師琉璃光像；北齊有馮外賓等造藥師像；唐高宗儀鳳三年（公元 678 年）范氏造藥師像祈福；聖曆元年（公元 689 年）令狐勝造藥師琉璃光像；武則天天授二年（公元 691 年）蔡大娘於洛陽龍門造藥師像；開元期間，蒲州程禮造藥師佛；晚唐李德深外甥女於龍門造藥師像；五代十國劉恭等造藥師佛；至於畫卷時有繪製或祈福或薦亡……於坊間流傳甚多。直至清代藥師佛像在宮庭也流行起來，乾隆皇帝收藏一幅＜藥師琉璃光如來會圖＞。其餘有繪畫、贊序、繡像、幡燈……，流行坊間。此外，藥師齋懺為人消災延壽頗為流行，對社會有一定的影響，如陳文帝親製《藥師齋懺文》，並設壇禮懺，君主祈求藥師祝佑之情，溢於言表。茲錄原文如下：

> 竊以諸行無常，悉為累法，萬有顛倒，皆成苦本。熱炎鏡像，知變易之不停；漂草爨茅，見生滅之奔迅。隨業風而入苦海，逐報障而趣幽途。去來三界，未見可安之所；輪回五道，終無暫息之期。藥師如來，有大誓願，接引萬物，救護眾生。導諸有之百川，歸法海之一味，亦施與花林，隨從世俗，使得安樂，令無怖畏。至如八難九橫，五濁三災，水火盜賊，疾疫饑饉，怨家債主，王法縣官，憑陵之勢萬端，虔劉之法千變，悉能轉禍為福，改危成安。復有

求富貴，須祿位，延壽命，多子息，生民之大欲，世間之切要，莫不隨心應念，自然滿足。故知諸佛方便，事絕思量。弟子司牧寰方，庶績未乂，方憑藥師本願成就眾生。今謹依經教，於某處建如千僧如千日藥師齋懺，現前大眾，至心敬禮本師釋迦如來！禮藥師如來！慈悲廣覆，不乖本願，不棄世間，興四等雲，降六度雨，滅生死火，除煩惱箭。十方世界，若輪燈而明朗；七百鬼神，尋結縷而應赴。障逐香燃，災無復有；命隨幡續，漸登常住。遊甚深之法性，入無等之正覺，行願圓滿，如藥師如來。[9]

又至德元年（公元 757 年），肅宗為國祈福，在開元寺設藥師道場。皇帝對藥師的信仰間接推動民間信奉藥師如來，可想而知，這類皇家法會對社會之影響。

佛教法門雖廣，唯不出大小二乘。何謂大乘？修學正道，趣向佛果是也。藥師佛在因地之時所發之十二宏願，不難看出此派淨土皆屬大乘體系。《藥師經》載：

第四大願：願我來世得菩提時，若諸有情，行邪道者，悉令遊履菩提正路，若行聲聞、獨覺乘者，亦令安住大乘法中。[10]

這願說明，知見不正，易入邪道，佛之宏願，欲令眾生行八正道。聲聞、獨覺乃小乘根器，願行狹隘，易於滿足，悲心不大，

---

9 陳文帝：《藥師齋懺文》，《大正藏》第 52 冊，第 334 頁中下。
10 大正藏》(T)第 14 冊，No.0450《藥師琉璃光如來本願功德經》第 1 卷，頁 0413a17。

故佛慈悲，導以大乘妙理，令眾生從迷界之此岸到悟界之彼岸，所持之力，安立大道。八正道乃大乘菩薩修學之本，故知修學藥師淨土，乃屬大乘之法。

藥師在佛法來說可分為六種：第一種，教導眾生修五戒十善，成就人乘之師；第二種，教導眾生修四禪八定，成就凡夫死後生天；第三種，教導眾生修四諦十二因緣法，而證得阿羅漢果；第四種，教導眾生發菩提心，修地前菩薩趣向大乘；第五種，教導已登地上之聖者，加功修行，永不退轉；第六種，鼓勵已證無上果位，福慧俱滿之覺者，為一切法界眾生，解除眾生之一切痛苦。唯東方淨土琉璃光如來，在因地前發十二宏願，普為一切眾生於現世消災免難，故特標其聖號——藥師如來。一般來說，以法藥治理眾生之身心煩惱者，稱藥師。

釋尊在世間為眾生說法四十九年，皆依眾生的根器施與教化，對症下藥，可謂契機契理。佛陀慈悲眾生，在世時為解決眾生對「生」之迷茫，於是開設東方琉璃淨土；又於解決眾生對「死」的憂慮，設立西方極樂世界。日出東方，萬物向榮，益壽之事，由藥師佛承擔；日落西山，萬象蕭條，度亡之事，則由彌陀負責。藥師與彌陀莫不是世尊之體所起之用乎？攝用歸體，無為而無不為。

五、近代學者對東方淨土的評價

對於藥師經法的偉大價值和深刻內含，近當代佛教界的高僧大德都是無比讚歎的。

玉琳國師《藥師經》題語：「予辭恩絕塵、不暇披覽。偶入

藏閱《藥師如來本願功德經》、不覺手額失聲、願人人入如來願海也。或問何於此經驚嘆如是。告之曰、予見世人順境淪溺者不一。富貴可畏、甚於貧賤。今此如來、使人所求如願、遂從此永不退道、直至菩提。則欲於王臣長者、一切人中、作同事攝。不乘如來願航、何從濟乎。大凡修持、須量己量法、直心直行。誠能厭惡三界、堅志往生、則專依《阿彌陀經》、收攝六根、淨念相繼、所謂執持名號、一心不亂、決定往生。此先自利而後利人者之所為也。」[11]

　　淨土宗印光法師在《藥師如來本願經重刻跋》說：「藥師如來本願經者，乃我釋迦世尊，愍念此界一切罪苦眾生，為說藥師如來因中果上，利生之事實，為究竟離苦得樂之無上妙法也。……。故受持者或生淨琉璃世界或生極樂世界，待至豁破凡情，圓成聖智，則直契寂光，東西俱泯，而復東西曆然。隨願往生，則與彌陀、藥師同歸秘藏，是名諸，佛甚深行處。」[12]

　　弘一大師〈答佛學書局書〉言：「一、若犯戒者，聞藥師名已，還得清淨。二、若求生西方極樂而未定者，得聞藥師名號，臨命終時，有八大菩薩示其道路，即生極樂眾寶華中。三、現生種種厄難，悉得消除。故亦勸諸緇素，應誦藥師功德經，並執持藥師名號。而於求生東方淨土琉璃世界之文，未及詳釋，謂為別被一機也。」[13]

　　印順法師認為，藥師法門不僅對於重死重鬼的佛教有補弊糾

---

11 音緯等編：《大藏經補編》第 27 冊，《普濟玉琳國師語錄》，第 12 卷。

12 印光法師：《藥師如來本願經重刻‧跋》。網頁：http://www.xuefo.net/nr/article31/310218.html（引用日期：2016.10.12

13 釋弘一，〈答佛學書局書（1935 乙亥年）〉，《藥師經析疑》，收入佛陀 教育基金會編《藥師法門彙編》，2012 年，附錄，頁 53-54。

偏的功能，而且也有利於人間淨土的建設。又印順法師指出，「真
正的佛教，是人間的，唯有人間的佛教，才能表現出佛法的真義。
所以，我們應繼承『人生佛教』的真義，來發揚人間佛教。」[14]

　　太虛大師在《藥師本願經講記》序曰：「釋迦世尊，於娑婆
穢土，剛強難化之眾生中，誕生成道，垂範四生，度脫九界，其
無畏勇猛之精神，誠為不可思議者矣！故當時所攝化之大小乘弟
子，無不具慈悲喜捨，四攝教化，獅吼象步，超然死生，遊戲神
通，淨佛國土。《法華經》云：『眾生見劫盡，大火所燒時，我
淨土不燒毀。』此為釋迦世尊，及其化眾，即於娑婆穢土，以建
立其淨土者；猶彌陀之極樂淨土，藥師之琉璃光土。蓋十方諸佛，
無不本其因中所發之無畏大願，所修之勇猛妙行，行圓願滿，果
上之主伴功德備，依正莊嚴成，而清淨國土由之建立。」又太虛
大師稱藥師法門為「資生之佛教」。他說：「近年以來佛教漸普
及於中國現社會各界人士中，種種經營建立佛教之團體，且依之
修學者不乏其人，尤其注重於應用到現代社會之新佛教精神，如
辦佛教孤兒院、義務學校、施醫所等社會公益事業，改善家庭社
會之生活，使一般人於現生中得佛法之益。過去偏重於薦魂度鬼
之佛教，已一變而為資養現實人生之佛教矣。然此資生之佛教，
即為釋迦付託與藥師之法門，而說明在此經中者，此於過去專重
度亡之佛教，有補偏救弊之功能，尤合於現代人類生活相資相養
之關係。」[15]再者他認為：「依吾人心理中所想像之琉璃世界為
模型，如工程師之先有計劃圖樣，依之而施建築工作，則此東震
旦土亦即可成為琉璃世界。故願吾國人民，應以琉璃世界為理想

---

14 印順：《佛在人間》，台北：中華書局，2010，頁 15。
15 太虛：《藥師經講記·太虛大師全書》卷 15，宗教文化出版社：2004，
　　頁 261-262。

國,定為趨向之標準,依藥師之本願而發願,使將來世界如何莊嚴集修眾行,則因圓果滿,琉璃世界實現匪遙矣。」[16]

　　竺摩法師說,藥師與彌陀兩大法門,在釋迦佛法中應該平衡發展才對,可是大家只知道有彌陀法門,求生淨土,很少人知道有藥師法門,能夠延壽長生,這是什麼原因呢?大概是中國佛法在晚唐的時候,經過三武一宗[17]的毀法,天臺賢首性相各宗經論皆被摧毀,唯禪宗不立文字,不用經典,山林水邊,皆可做其功夫,故唯禪宗流盛,其他顯教各種法門,皆告衰微。到了宋朝,宗匠不多,禪宗亦漸走下坡,而念佛法門,有起而代之之勢頭。一句彌陀,天下披靡,所以淨土法門獨盛,人皆偏於念佛往生,

---

16 太虛:《藥師經講記‧太虛大師全書》卷 15,宗教文化出版社:2004,頁 265。

17 見《佛光大辭典》三武一宗:指佛教四次法難。乃我國歷史上皇帝迫害佛教最嚴重之四次事蹟:(一)北魏太武帝,聽信司徒崔浩、道士寇謙之之言而壓迫佛教。太平真君七年(446),盡誅長安沙門,破壞一切經典圖像,北魏佛教遂遭毀滅。至文成帝復興之際,始告恢復佛教地位。(二)北周武帝,信納道士張賓與衛元嵩之論,有意廢佛;其時甄鸞、道安、僧　、靜靄等曾為佛教辯護。建德二年(573),帝即下令廢佛、道二教,毀壞經像,並令沙門、道士還俗,僅選名德者一百二十人安置於通道觀。六年,北周滅北齊,其時雖有慧遠排眾抗辯,然武宗仍對北齊之地行排佛政策。翌年,帝崩,佛道二教始告復興。(三)唐武宗時,宰相李德裕等人排佛,會昌五年(845),帝乃下敕留置若干寺及僧三十名,餘皆廢棄,並令僧尼還俗。將佛像、鐘、磬改鑄為錢幣、農具等物,史稱會昌法難。翌年帝崩,宣宗時再興佛法。(四)後周世宗,顯德二年(955),帝實行排佛政策,詔令廢止寺院三萬三百三十六所(佛祖統紀作三千三百三十六所),又下詔毀佛像,收鐘、磬、鈸、鐸之類鑄錢。其時,鎮州有觀音銅像,靈應頗驗,故雖有詔下,人莫敢近。帝聞之,親往其寺,以斧破銅像面胸,觀者為之顫慄。顯德六年,帝於北征途中,胸發瘡疽而殂。其後,宋太祖統一天下,下詔復寺立像,佛教始告復甦。　　上述四次法難中,前二次主要係基於思想上之原因,後二次則係基於經濟上之理由。宋朝志磐之佛祖統紀卷四十二將此稱為「四大法難」,或「三武一宗之難」,又宋丞相張商英所著護法論(大五二‧六四○中)見《佛光大辭典》p569。

送死度亡；致使消災增福，現生可以隨願所求的藥師法門，反而隱晦不揚，好似全部佛法，就只有淨土法門全權代表，其他法門都一落千丈了！[18]

鄧來送居士：「藥師經是藥師法的說明，藥師經法，是圓融世出世間，顯密各宗功德之法。其旨既是教人生活做人之法；又是教人如何在現實生活中，了生脫死之大法。」[19]

南懷瑾先生認為：「《藥師經》和《法華經》一樣，屬於大乘佛法中最上乘的秘密，是一切佛的秘密之教，不是普通密宗，是一切佛的最高秘密。」[20]

程思在《藥師經法與人間佛教‧序》中說：「東方藥師琉璃光如來的利生之門，它特別注重眾生現生的利益和解脫，對於現代社會以及人類的發展狀態而言，藥師法門可以說是非常當機的一個法門。宏揚藥師經法，不論對於佛教本身（如構建人間佛教等）還是社會大眾（如養生保鍵，提升智慧等）皆有極大的利益。」[21]

劉因燦在＜藥師佛文化與人間佛教思想＞言，「藥師佛對此作出了積極響應。因為人生難得，所以，藥師佛誓願讓人生消災延壽，爭取幸福美滿的極致。他啟示我們，多生存一天，就多了一天的希望，在這一天裡，我們可以做許多的好事，積許多善功

---

18 竺摩法師：藥師佛法門文彙。網頁：http://www.amituofohouse.org/viewthread.php?tid=1943（引用日期：2016.10.12）

19 鄧來送注釋：《藥師琉璃光如來本願功德經》網頁：http://wap.goodweb.cn/news/news_view.asp?newsid=29070（引用日期：2016.10.12）

20 南懷瑾：《藥師經的濟世觀》網頁：http://staffweb.ncnu.edu.tw/hdcheng/psytalk/ysj.htm（引用日期：2016.10.12）

21 程思：＜藥師經法與人間佛教＞。網頁：http://hk.plm.org.cn/gnews/200971/200971135724.html（引用日期：2016.10.12）

善德。」[22]

　　惟賢法師在＜現代社會提倡藥師佛法契機契理＞評為：「提倡東方文化、生的佛法、回歸藥師佛淨土就必須要從這方面來發展，不然就是空洞的。如何使人安靜，生活圓滿，就需要內心淨化，修福修慧，不是說我磕一下頭，念一下經，拜一下懺，消災延壽了事，不是這樣的。從這方面發展就要深研大乘教義，以佛家的精神積極參與社會各項工作，多做福利慈善事業，利國利民，這就是順於佛道，這就是藥師佛大慈大悲的濟世精神，也就是「生」的佛法！」[23]

　　黃夏年教授在＜藥師佛能治療哪些疾病？＞說：「信仰解決的是人生問題，與當代佛教界提出的人間佛教思想是一致的。」[24]

　　之如此類之文章，枚不勝舉，僧俗學人對藥師佛的信仰與修行，一如西方彌陀淨土一樣，在在說明現今佛子對藥師法的重視。

六、結　論

　　現今弘法講求要現代化、生活化、平民化、大眾化，藥師法門可當此重任。這個想法，早於清朝已有僧人提出。清代玉琳國師[25]在《藥師經題語・序》中說：

---

22 劉因燦：＜藥師佛文化與人間佛教思想＞。網頁：http://www.bgvpr.org/ex/1/ex_189.htm（引用日期：2016.10.12）

23 惟賢法師：＜現代社會提倡藥師佛法契機契理＞。網頁：http://www.bgvpr.org/ex/1/ex_21.htm（引用日期：2016.10.12）。

24 黃夏年：＜藥師佛能治療哪些疾病？＞網頁：http://tieba.baidu.com/p/4110392721（引用日期：2016.10.12）

25 玉林通琇（1614－1675年），法號通琇，字玉林、玉琳，世稱玉琳國師，明末清初名僧。江蘇省江陰人，俗姓楊。十九歲投宜興馨山天隱圓修受具足戒，後嗣其法，傳臨濟宗。曾住浙江武康報恩寺，1658年師奉詔入

若于現前富貴功名未能忘情，男女飲食之欲，未知深厭，則於往生法門，未易深信。即信矣，身修淨土而心戀娑婆，果何益乎。則求其不離欲鉤，而成佛智，處於順境，不致淪胥者，固無如修持藥師願海者之殊勝難思也。若能信行，久久不懈，知不獨富貴功名，轉女成男，離危迪吉，如如意珠，遂願成就。即得於一切成就處，直至菩提。永無退轉，何幸如之。人間亦有揚州鶴，但泛如來功德船。[26]

玉琳國師認為，一個人若放不下現世名利，不妨專念阿彌陀佛求生西方淨土；一個人若放不下功名富貴、男女飲食者，則不妨修東方藥師法門。常言道：身修淨土，心繫娑婆，而修此法門，自能兩全其美。《藥師經》中說，修藥師法門「四求四得」（長壽、富饒、官位、男女）。這才是人間的揚州鶴呢[27]！佛教空有二門，隨機度化，不可思議。

京，於萬善殿舉揚大法，受「大覺禪師」封號。未久，留其弟子茆溪行森於北京弘法。翌年，進封「大覺普濟禪師」，賜紫衣。順治十七年（1660年）帝選僧千五百名，以師為本師，授菩薩戒，並加封「大覺普濟能仁國師」。

26 《大藏經》第 47 卷，頁 81。
27 轉引自宗舜法師：南朝·宋之殷芸《小說》中，講過一個故事。幾個人在一起談理想，一個人說，想當揚州刺史。一個人說，希望腰纏萬貫。一個人說，要成仙騎鶴。最後一個說，他要「腰纏十萬貫，騎鶴上揚州」。揚州，有人考證並不是現在的揚州，而是南京。揚州也罷，南京也罷，古代都是富貴溫柔之鄉。小杜名句有云：「十年一覺揚州夢，贏得青樓薄倖名。」可見揚州，和色是聯繫在一起的。當揚州刺史，大約漁色更便當吧。十萬貫傢俬，折合今天的資產，恐怕不是百萬富翁，而是千萬富翁了（有人根據《紅樓夢》來算，兩貫多錢，相當於一兩銀子）。今天說鶴駕西歸，不過是把「去世」包裝了一下，好像很不吉利。不過，古來成仙才有騎鶴的份，跨鶴天際，時不時來一曲玉笛，漫空梅花如雪，確實很浪漫。這三位的理想主義和浪漫主義，都不敵最後一位的現實主義：做個好色有財的神仙。網頁：http://www.bgvpr.org/ex/1/ex_37.htm（引用日期：2016.9.29）

　　眾生理想之淨土,莫過生於和平安穩、長壽無疾、與善人為伍。故淨化人心,環境自然得以淨化,那時人間就是淨土,淨土即現實人生。試問在世者,若生於此種無諍、無病、無苦、無慮的環境下,有誰願意趕搭列車前往西方。西方雖有黃金為地,妙寶間飾,七寶琉璃,上妙天華,種種莊嚴之美所吸引,誠然,若人間美好,生活自由,又無苦惱逼迫,安全受到保障,快樂不減,又有誰願意往西方極樂世界?舉例來說,假若居住在香港現代城市,社會安全系數指數高企、醫療先進,生活得到保障,衣食無憂,生活安定,出境自由,美食冠全球,政治修明,風調雨順,國泰民安,科技發達,經濟繁榮,那又何須移民他國呢?其理則一。佛言:「佛法難聞,人生難得。」在現世修行也可證果入聖位,只有我們有更多時間,有更好身體,有更多善人,更理想的環境——淨土,又何愁大業不成?

　　彌陀與藥師在現代信仰中各有存在的價值,雖同為解決眾生的苦難,但有生前和死後之異,若以今天的普選方式進行投票,我想投向藥師重現世之利多於彌陀重未來之利。無它,既是同為淨土,未來不可知,現世則已掌握手中。東方喻生,西方喻死,前者不離現生,重於在當下解脫,較接近人類之根性;後者已離今生,祈望於來世之相續,大多不太願意。

略論天台宗慧思禪法對
後世之影響

　　中國固有文化道德甚濃，而印度文化則以宗哲為中心，彼此色彩鮮明，印度以佛教為代表傳入中國，影響極大，在我國史上實屬罕見，故離佛教原素，實難考察中國文化之思想。天台學在中國佛教思想中地位顯著，其中心思想「教觀兼備」、「解行並重」，常言道：「無慧之定」則如盲修瞎練；「無定之慧」則前功盡廢。自南朝中葉，研究教觀，長盛不衰，慧思之止觀禪法即誕生此刻。兩漢之際，經鳩摩羅什大量譯經，般若學與禪觀修習漸趨流行，更為天台宗的止觀打下堅實的基礎。

一、生　平

　　南嶽尊者慧思，俗姓李，武津人也，少以寬慈，頂生肉髻，耳有重輪，象視牛行，勝相莊嚴，與世自異。生於公元 515 年（即北魏延昌四年）十五歲受戒出家為僧，五年間，專注於法華及諸大乘典籍，精進不怠，學行並重，公元 523 年因讀《妙勝定經》而有所啟發，常遊於山野林泉，遍訪名師，歷信州、兗州、鄆州等地，遍參禪法，晝夜研習，廢寢忘食，而有所感悟。據《佛祖統記》載：

年二十（東魏孝靜天平元年）因讀妙勝定經。見讚美禪定。
乃遍親禪德學摩訶衍。常居林野經行修禪。後謁文師咨受
口訣。授以觀心之法。晝則驅馳僧事。夜則坐禪達旦。始
三七日初發少靜。觀見一生善惡業相。轉復勇猛禪障忽起。
四肢緩弱身不隨心。即自觀察。我今病者皆從業生。業由
心起本無外境。反見心源業非可得。遂動八觸發根本禪（重
輕冷熱澀滑軟粗。是為八觸）因見三生行道之跡。夏竟受
歲將欲上堂。乃感歎曰。昔佛在世。九旬究滿證道者多。
吾今虛受法歲內愧深矣。將放身倚壁。豁然大悟法華三昧。
自是之後所未聞經不疑自解。[1]

慧思後棲於大蘇山教授禪修，嘗夢梵僧勉令出俗，駭悟斯瑞，
辭親入道，奉持守素，梵行清潔，及稟具戒，日唯一食，不受別
施。棲處幽靜，杜絕將迎，誦法華等經。公元 568 年，慧思南下
衡岳，公元 577 年（陳宣帝太建九年）六月二十二日圓寂。

二、慧思的禪法

慧思禪法主要有《隨自意三昧》、《諸法無諍三昧》、《法
華經安樂行義》、《一心三觀》：

（一）隨自意三昧

慧思之三昧禪修受《首楞嚴三昧經》之影響，建立隨意起念，

---

1 大正新脩大藏經　第四十九冊　No. 2035《佛祖統紀》CBETA 電子佛典
　V1.51，p0179a24(14)－T49n2035_p0179b07(11)。

於行、住、坐、臥一切時中皆能修學：《首楞嚴三昧經》載：

> 菩薩住首楞嚴三昧。六波羅蜜世世自知不從他學。舉足下
> 足入息出息 。念念常有六波羅蜜。[2]

又經云：

> 是故菩薩行威儀。舉足下足。念念具足六波羅蜜。 菩薩
> 行時。未舉足欲舉足。[3]

　　菩薩行持，念念安於首楞嚴三昧，不受外在因緣所影響。要
之，隨自意三昧是因，首楞嚴三昧是果。《隨自意三昧》載：

> 凡是一切新發心菩薩。欲學六波羅蜜。欲修一切禪定。欲
> 行三十七品。若欲說法教化眾生。學大慈悲起六神通。欲
> 得疾入菩薩位得佛智慧。先當具足念佛三昧・般舟三昧及
> 學妙法蓮華三昧。是諸菩薩最初應先學隨自意三昧。此三
> 昧若成就。得首楞嚴定。[4]

　　慧思強調初發心菩薩應於隨自意三昧修行，才能獲得諸大三
昧（法華、念佛、般舟三昧）。何故？經云：

2　《首楞嚴三昧經》卷上，《大正藏》第 15 冊，頁 631。
3　《隨自意三昧》，《卍新纂續藏經》第 55 冊，頁 496。
4　卍新纂續藏經 第五十五冊 No. 903《隨自意三昧》，頁 p0496a22(00)－
　　p0496b02(06)。

爾時佛告堅意菩薩:「首楞嚴三昧,非初地、二地、三地、四地、五地、六地、七地、八地、九地菩薩之所能得,唯有住在十地菩薩,乃能得是首楞嚴三昧。[5]

又《大智度論》云:

首楞嚴三昧者,秦言健相。分別知諸三昧行相多少深淺,如大將知諸兵力多少。複次,菩薩得是三昧,諸煩惱魔及魔人無能壞者,譬如轉輪聖王主兵寶將,所往至處,無不降伏。[6]

首楞嚴三昧有如金剛之罩,一切煩惱及惡魔皆不能壞故。得此三昧,實不可思議。由此觀之,隨自意三昧修法簡單,方便易行,為行者趣向首楞嚴三昧之手段。

(二)諸法無諍三昧[7]

南朝陳代慧思撰《諸法無諍三昧》凡二卷,闡說天台宗之禪觀。謂得無量佛法功德,必須先持淨戒,勤修禪定,方能成就。「

---

5 大正新脩大藏經 第 15 冊 No.642 佛說首楞嚴三昧經 (2 卷)【姚秦 鳩摩羅什譯】第 1 卷。
6 《大智度論》卷四十七,(大正藏)第 25 冊·頁 398。
7 謂住於空理而與他無諍之三昧。在佛弟子中,解空第一之須菩提最通解空理,故於弟子中所得之無諍三昧,最為第一。金剛經(大八·七四九下):「佛說我得無諍三昧,人中最為第一,是第一離欲阿羅漢。」元賢之金剛經略疏釋之謂,無諍三昧者,以其解空,則彼我俱忘,能不惱眾生,亦能令眾生不起煩惱。又天台宗所說圓教初門之行者,於修一切無漏對治觀練薰修之禪定時,即證聖果,為大力羅漢,具足六通、三明,同時證得無諍三昧。見《佛光十大辭典》〔大智度論卷十一、注維摩經卷三〕p5137。

「無諍三昧」即了悟空理,能令眾生斷煩惱,常懷慈心,不與他人起諍。《金剛般若波羅蜜經》載,須菩提曾在佛陀跟前自述云:

> 世尊,佛說我得無諍三昧人中最為第一,是第一離欲阿羅漢。……以須菩提實無所行,而名須菩提是樂阿蘭那行。[8]

因為須菩提具足「無諍三昧」佛陀為其授記,成為得無諍三昧離欲阿羅漢,明顯地「無諍三昧」之基礎,以空性慧為本,所以說他「實無所行」——謂行而無其所行也。無所得義。又《大智度論》載:

> 彼中當說。若菩薩能行是百八三昧等諸陀羅尼門,十方諸佛皆與授記。所以者何?是菩薩雖得是諸三昧,實無諸憶想分別我心故,亦不作是念;我當入是三昧、今入、已入,我當住是三昧,是我三昧;以是心清淨微妙法不著故,諸佛授記。[9]

觀諸三昧,應作無自性、不生不滅,猶如虛空。若無所執,則無分別,真心不動,自得三昧,當授佛記。故知菩薩若住此中三昧,當離有諍無諍,諸法通達無阻,隨心所行。故知慧思在《諸法無諍三昧》的禪觀特色包函:持戒修禪、定慧合一。

(三)法華經安樂行義[10]

---

8 姚秦‧鳩摩羅什譯,《金剛般若波羅蜜經》,《大正藏》第 8 冊,頁 749。
9 《大智度論》卷 43,《大正藏》第 25 冊,頁 373。
10 全一卷。陳‧慧思(515－577)述。又稱安樂行義、法華安樂行。收於

　　慧思十分重視《法華經》在《摩訶止觀》中說：「南嶽（慧思大師）德行不可思議，十年專誦，七載方等，九旬常坐，一時圓證，大小法門，朗然洞發[11]」。當時慧思拜見慧文，得到慧文大師講授禪修的指引，傳授他「一心三觀」的禪修法要。慧思得法後，結合他自己體證《法華經》的思想，如理作意。經三月禪修後，豁然大悟，證得「法華三昧」，了知真實相狀，脫離生死牽纏，時慧師才三十多歲。

　　安樂行義分為四種：它們是正慧離著安樂行（身安樂行）、無輕贊毀安樂行（口安樂行）、三為無惱平等安行（意安樂行）及慈悲接引安樂行（誓願安樂行）。慧思認為實踐四安樂行，將心安住在無相寂滅、畢竟無念才可證入法華三昧，經云：「若坐禪時不見諸法常與無常。如安樂行中說。菩薩觀一切法。無有常住亦無起滅。是名智者所親近處。」[12]換言之，日常中的行、住、坐、臥等，皆不離於禪觀。在安樂行義中自設了十題問答，其中六個與經名相關，經云：

大正藏第四十六冊。本書為慧思依法華經安樂行品所闡示之三昧行。書中主張實踐法華經之法華三昧有二種，一為有相行，二為無相行。所謂有相行，係就法華經普賢勸發品而說觀普賢行，強調若精進誦讀法華經，於此行法成就時即心眼頓開，能見乘六牙象之普賢菩薩。然本書主要重點在於依安樂行品之經文解釋無相安樂行，謂無相行乃精修禪定，體得一切諸法中「心相寂滅，畢竟不生」之三昧。　　慧思向為實踐般若空義，以達佛教之奧旨，而屢遭迫害；為折服當時各種異說，並令彼等歸依正法，遂將其生活體驗論述成書。本書非但興隆禪修及念佛，且促成以止觀為宗之天台教派之誕生。對中國佛教教理史之影響甚巨。」見《佛光大辭典》，p3406。

11　《摩訶止觀》（卷1），《大正藏》No. 1911, p0001b。

12　大正新脩大藏經　第四十六冊　No. 1926《法華經安樂行義》p0698a14(06)－p0698a15(05)。

菩薩大慈悲。具足一乘行。湛深如來藏。畢竟無衰老。是
名摩訶衍。如來八正道。眾生無五欲。亦非斷煩惱。妙法
蓮華經。是大摩訶衍。眾生如教行。自然成佛道。云何名
一乘。謂一切眾生。皆以如來藏。畢竟恒安樂亦如師子吼。
涅槃中間佛世尊實性義。為一為非一。佛答師子吼。亦一
亦非一。非一非非一。云何名為一。謂一切眾生。皆是一
乘故。云何名非一。非是數法故。云何非非一。數與及非
數。皆不可得故。是名眾生義。問曰。云何名為妙法蓮華
經。云何復名一乘義。云何復名如來藏。云何名為摩訶衍。
云何復名大摩訶衍。如大品經說摩訶言大。衍者名乘。亦
名到彼岸。云何更有大摩訶衍。云何復名眾生義。答曰。
妙者眾生妙故。法者即是眾生法。蓮華者是借喻語。譬如
世間水陸之華。各有狂華虛誑不實。實者甚少。若是蓮華
即不如此。一切蓮華皆無狂華。有華即有實。餘華結實顯
露易知。蓮華結實隱顯難見。狂華者喻諸外道。餘華結果
顯露易知者。即是二乘。亦是鈍根菩薩次第道行優劣差別。
斷煩惱集亦名顯露易知。法華菩薩即不如此。不作次第行。
亦不斷煩惱。[13]

　　慧思表達一切眾生透過《法華經》的修行，自能引發具清靜
心之如來藏，唯眾生根機不一，佛陀方便說法教化眾生，廣言三
乘，故眾生佛性非一乘，亦名一乘，蓋數與數可得故，這就是眾
生之意義。

　　慧思的《法華經安樂行義》對禪觀甚為重視，他將「法華安

---

13 大正新脩大藏經　第四十六冊　No. 1926《法華經安樂行義》，
　　p0698b07(00)－p0698b29(00)。

樂行」一分為二：即「有相行」及「無相行」。前者重於文字，
不修禪定；後者深入禪定，心相寂滅。然慧思特重「以定生慧」、
「定慧雙修」，他相信，「無慧之定」如瞎子摸象，「無定之慧」
若雙腳殘缺，難證「諸法實相」。慧思之「定慧雙開」別開生面，
影響深遠，成為天台宗一大特色。《續高僧傳》卷一七載：

> 自江東佛法，弘重義門。至於禪法，蓋蔑如也。而思慨斯
> 南服，定慧雙開。晝談理義，夜便思擇。[14]

　　不難瞭解慧思禪師是一個行解並重、定慧雙舉之倡導者。慧
思對禪修之觀念以「無相行」為究竟，《諸法無諍三昧》載：

> 若復有人。不須禪定。身不證法。散心讀誦十二部經。卷
> 卷側滿。十方世界皆闇誦通利。復大精進。恒河沙劫。講
> 說是經。不如一念思惟入定。何以故。但使發心欲坐禪者。
> 雖未得禪定。已勝十方一切論師。何況得禪定。說是語時。
> 五百論師來詣佛所。俱白佛言。我等多聞。總持十二部經。
> 及韋陀論五部。毘尼講說無礙。十六大國。敬我如佛世尊。
> 何故不讚我等多聞智慧。獨讚禪定。佛告諸論師。汝等心
> 亂。假使多聞何所益也。汝欲與禪定角力。如盲眼人欲觀
> 眾色。如無手足欲抱須彌山王。如折翅鳥欲飛騰虛空。如
> 蚊子翅欲遮日月光。如無船舫人欲度大海。皆無是處。汝
> 等論師。亦復如是。欲角量禪定。無有是處。復次毘婆沙
> 中說。若有比丘。不肯坐禪。身不證法。散心讀誦。講說

14　《續高僧傳》卷十七《慧思傳》，《大正藏》卷 50，頁 563-564。

文字。辨說為能。不知詐言知。不解詐言解。不自覺知。
高心輕慢坐禪之人。如是論師。死入地獄。吞熱鐵丸。出
為飛鳥。猪羊畜獸。雞狗野干。狐狼等身。若復有人。不
近善知識。雖復坐禪獲得四禪定。無有轉治。無方便智。
不能斷煩惱。雖得寂靜之樂煩惱不起。獲四禪時。謂得寂
滅涅槃之道。便作是念。我今已得阿羅漢果。更不復生。
如此比丘。實不得道。不斷煩惱。但得似道禪定。不近善
知識。無方便智。謂得實道。起增上慢。臨命終見受生處。
即生疑悔。阿羅漢者更不復生。我今更生。當知諸佛誑惑
於我。作是念時。即墮地獄。何況餘人不坐禪者。重宣此
義。[15]

又曰：

若不坐禪。平地顛墜。若欲斷煩惱。先以定動。然後智拔。
定名奢摩他。智慧名毘婆舍那。[16]

由此可知，慧思禪師對行持之重視程度。

張聖慧言：「宗為佛心，教為佛語；非宗無以證教，非教無以
明宗。」成佛之道在於解行並重，猶鳥之兩翼、車之兩輪，豈能偏
廢。以天台教理，融通理事，權實兼到。據《佛祖統記》載：北齊
慧文讀《大智度論》「問曰。一心中得一切智[17]一切種智。斷一切

---

15 大正新脩大正藏經　Vol. 46, No. 1923《諸法無諍三昧法門》卷上 CBETA
　　電子版。
16 大正新脩大藏經第 46 冊 No.1923)【陳】慧思撰諸法無諍三昧法門(2 卷)。
17 指了知內外一切法相之智，係三智之一。即如實了知一切世界、眾生界、
　　有為、無為事、因果界趣之差別，及過去、現在、未來三世者，稱為一

煩惱習。今云何言以一切智具足得一切種智。以一切種。斷煩惱習。答曰。實一切一時得。此中為令人信般若波羅蜜故。次第差品說。」[18]及《中論·回諦品》「因緣所生法，我說即是空，亦名為假名，亦名中道」[19]得到啟發，了悟「一心三觀」之理。其後南岳慧思謁慧文於河淮，因機教相扣，即受「一心三觀」，並繼承衣缽，《南岳尊者傳》載：

> 「……三七日，初發心靜，觀見一生善惡業相轉。復勇猛，禪障忽起，四肢緩弱，身不隨心。即自觀察——我今病者，皆從業生，業由心起，本無外境，反見心源，業非可得。遂動八觸，發根本禪，因見三生行道之蹟。夏竟受歲，將欲上堂，乃感歎曰：昔佛在世，九旬究滿，證道者多。我今虛受歲法，內愧深矣！將放身倚壁，豁然大悟法華三昧。」[20]

又曰：

> 「初在大蘇以法付顗師。後常代講般若。至一心具萬行忽有所疑。師曰。如汝之疑。乃大品次第意耳。未是法華圓頓旨也。吾昔於夏中一念頓證諸法現前。吾既身證不必有疑。」[21]

有為、無為事、因果界趣之差別，及過去、現在、未來三世者，稱為一切智。又一切智對於一切種智有總、別二相之義，若依總義，則總稱佛智，義同一切種智，如華嚴經大疏卷十六所載，如來以無盡之智，知無盡法，故稱一切智。若依別義，則一切智為視平等界、空性之智，此即聲聞、緣覺所得之智。見《佛光大辭典》（大毘婆沙論卷十五、雜阿毘曇心論卷八、大乘義章卷十九）（參閱「一切種智」19）p14。

18 大藏經 No. 1509 大智度論 (卷 27) T25, p0260b。
19 大正藏，《中論》，頁 30。
20 張聖慧：《法華三昧之檢討及修學之經過，現代佛教學術叢刊第 58 冊》。台灣：大乘文化出版社，1978，頁 262。
21 大正藏 No.2035，第 49 冊《佛祖統紀》卷六。

其後慧思於光州大蘇山弘法，智顗前來問道，遂為傳承天台之三祖，開創圓備之天台教觀，慧思乃功不可抹。

　　天台慧思恆訓勉後學，必須教觀相依，方能成就果位。時有禪師慧成，段氏澧陽人，初受業於十住寺誦《法華經》二十餘卷，又習《成實論》。經十年勤勉，文理略盡，於歸途中，聞南岳慧思闡化禪觀之盛，往參訪之。彼此相見，慧思直言回答慧成，單憑教理，終不能悟道。慧成受教，拜慧思門下，將一切文章經論付諸火爐，從此發奮參禪，歷五載，被其師列入禪門達者，與智顗並列。《佛祖統紀》載：

> 汝一生學問。與吾炙手猶不得熱。虛喪功夫豈不惜哉。師承法訓憤。取章疏盡焚之。開眼坐禪夜以達旦。如此五年。岳令入方等觀音法華般舟三昧[22]。歷試諸行以銷宿障。行之三年得解眾生語言三昧。彼閉目坐禪者。觀道雖明開眼或失。嶽歎之曰。智顗先發三昧後證總持。慧成今又及之。[23]

　　明顯地，慧思對慧成五年來的努力，予以高度平價，心中亦

22　又作常行三昧、般舟定、諸佛現前三昧、佛立三昧。在一特定期間（七日至九十日）內，修行三昧，得見諸佛。據般舟讚載，以九十日為一期，常行無休息，除用食之外，均須經行，不得休息，步步聲聲，念念唯在阿彌陀佛。般舟讚又謂，行此定法，須正身業，口稱佛名，意觀佛體，三業相應，故總稱為三業無間。在我國，以廬山慧遠最早聚眾結社行此定法，其後智顗、善導、慧日、承遠、法照等諸師相繼發揚此一定行，遂普遍盛行於我國與日本。見《佛光大辭典》〔般舟三昧經卷上問事品、行品、坐禪三昧經卷下、大智度論卷三十三〕（參閱「念佛三昧」3211）p4300

23　大正藏 No.2035，第 49 冊《佛祖統紀》卷九。

感欣慰。

（四）一心三觀

天台「一念三千」是從南岳的「一心三觀」[24]而來，然「一心三觀」又溯源於北齊慧文之「三智一心」，而追其源，則取自龍樹之《中觀論》及《大智度論》。一心三觀又名圓融三觀、不可思議三觀等，是天台宗圓教的觀法。天台宗說宇宙萬有，都具有空假中三種諦理，而這三種諦理又互具互融，三觀相即，能同時於一心中成立，故稱「三智一心中得」，即三而一，即一而三，是為一心三觀。天台宗認為《法華經》、《方便品》所說的佛知見，即此「一心三觀」是也。

其後智顗將「一心三觀」圓善為「一念三千」。「一念三千」者，即於一念具足三千世間諸法性相，《法華玄義》卷二云：

當體即理，更無所依，故名法界，…若十數依法界，能依從所依，即入空界。十法界為佛、菩薩、緣覺、聲聞、天、阿修羅、人、畜生、餓鬼、地獄。[25]

---

24 「一心三觀」亦明示三意，此三意即維摩經玄疏卷二（大三八‧五二八下）所示：「一明所觀不思議之境，二明能觀三觀，三明證成。一明不思議之觀境者，即是一念無明心，因緣所生十法界以為境也（中略）。二明能觀者，若觀此一念無明之心，非空非假，一切諸法亦非空假，而能知心空假，即照一切法空假；是則一心三觀，圓照三諦之理，不斷癡愛起諸明脫，若水澄清，珠相自現。三明證成者，若證一心三觀，即是一心三智五眼也。」乃謂任何對象之境，皆為一境三諦，若依之作觀，即可修得圓融三觀。〔大智度論卷二十七、維摩經略疏卷七、止觀輔行傳弘決卷五之三〕頁23 。

25 大正藏 No. 1716 妙法蓮華經玄義 （卷 2) T33, p0693c。

智顗大師又於《摩訶止觀》卷五云：

> 「夫一心具十法界，一法界又具十法界；於十法界，具百
> 法界。一界具十如是，三世間，則百法界即具三千種世間。
> 此三千在一念心。介爾有心，即具三千。」[26]

佛界之為佛、菩薩、緣覺、聲聞、天、人、阿修羅、畜生、
餓鬼、地獄等十法界共存，且界、具互具，即十界互具十界，則
相乘而為百界。百界又各具有如是性、相、體、力、作、因、緣、
果、報、本末究竟等十如是之義，則相乘而為千如。千如又各有
眾生世間、國土世間、五陰世間等三世間之別，則相乘而為三千
世間諸法，於是一切之法盡矣。「摩訶止觀」此三千在一念心，
若無心而已，卷五云：

> ……介爾有心即具三千，亦不可言一心在前，一切法在後，
> 亦不可言一切法在前，一心在後。祇心是一切法，一切法
> 是心，故非縱非橫，非一非異，玄妙深絕，非識所識，非
> 言所言，所以稱為不可思議境。[27]

又云：

> 心與緣合，則三世間，三千性相，皆從心起。一性雖少而
> 不無，無明雖多而不有，指一為多，多非多，指多為一，

---

26 《大正藏·摩訶止觀》卷五上，頁 46。
27 《大正藏·摩訶止觀》卷五上，頁 54。

一非少，故名此心為不可思議……[28]

（五）小　結

　　故知，三乘教義，以緣起性空為本，佛開多門，以方便眾生根機而說生滅四諦，隱實顯權。真實法者，剪除枝葉，直究根本，故《法華經》云：「諸佛法久後，當要說真實。」亦云：「即心即佛，即心作佛。」

　　法相乃心之苗，法性是心之根，如水隨波，非即非離，一念生起，即遍法界。經云：「一念惡心，起自方寸。」《六祖壇經》亦云：「自性起一念惡，滅萬劫善因；自性起一念善，得恆沙惡盡。」只要心起善念，惡念自然無法滋長，進而不執著善法，則能進趣菩提；又天如大師（觀傑）曰：「或問：圓觀之修，唯心之念，似上根之行門。」[29]三千與一念，非縱非橫，一念本具，智顗繼承慧思之「一心三觀」將「一念三千」發揮得淋漓盡致，一念具三千之妙理，在本質上即是「圓融三諦」。慧思之「一心三觀」，照見三諦，圓融無礙，一若澄水，明珠自亮。若證一心三觀，乃對象皆為一境三諦，若依之作觀，即可修得「圓融三諦」。如此三觀彰顯大乘空宗般若之真諦，奠定天台禪觀心法之地位。

三、影　響

　　宋僧道元撰《景德傳燈錄》將慧思列為禪門達人，可見其地位。然慧思禪學對後世之貢獻有如下數點：

---

28 大正新脩大藏經　第四十六冊　No. 1911《摩訶止觀》，p0055a27(12)－p0055a29(03)。
29 卍新纂續藏經　第六十一冊　No. 1164《淨土十要》，p0699c10(00)。

（一）培育僧侶，承傳天台

南岳慧思禪師承傳北齊慧文之禪學思想而加以弘揚。天台慧思之止觀禪法思想出於正統，上承慧文，下啟智顗等，門下高僧輩出，業高四百，信重三千，較著名者為天台智顗、高麗玄光及南嶽大善，其中玄光更將慧思之思想傳入朝鮮，成為我國天台宗之弘法先驅者。

（二）依法華門，明「如來藏」

「如來藏」和「十如實相」之不二思想，是法華中師大要諦，原出慧思，據《諸法無諍三昧法門》載：

> 他土之音。有二義。一者本土。是如來藏。一切眾生不能解故。貪善惡業輪迴六趣。二者一切眾生。無量劫來。常在六趣。輪迴不離。如己舍宅。亦名本土。[30]

法華之特質在於法理圓融為主體，詮譯「如來藏」（本土）和「佛性」的要諦。法華法門本是一乘法，為方便未熟根機眾生，移往他土。

（三）定慧雙舉，止觀不異

他主張定慧雙修，不能缺一。慧思非常尊重禪定，不贊同偏於文字的佛教，《諸法無諍三昧門》說：

---

30 大正新脩大藏經　第四十六冊　No. 1923《諸法無諍三昧法門》，p0627c25(02)－p0627c26(02)。

> 若不坐禪。平地顛墜。若欲斷煩惱。先以定動。然後智拔。
> 定名奢摩他。智慧名毘婆舍那。[31]

又曰：

> 得禪定則實智慧生。以是故，菩薩雖離眾生，遠在靜處，
> 求得禪定。以禪定清淨故，智慧亦淨；譬如油炷淨故，其
> 明亦淨。以是故，欲得淨智慧者，行此禪定。[32]

他認為不管用何種修持方法，必須依戒定慧三學修持，極力
倡議定慧之互通，否則徒勞無功，這種禪觀思想精神對日後修禪
者影響甚大，亦展現他是位解行並重之禪師。

（四）經論合流，融為一體

慧思教學基礎原理偏重《法華經》，並將法華圓頓與龍猛之
《中論》及《大智度論》思想合而為一，成為教觀體系之根本原
理。慧文曾說，傳翁傳龍樹菩薩之「一心三觀」，未有《法華經》
之教學基礎，故慧思之教觀更具創造力。然由慧思教學之緣起論
的唯心論思想，有將法華經的圓頓義與一心三觀導於攝相歸性的
傾向，即平等的法性，而非以諸法差別相為實相性具，要之，其
顯著不同於禪宗的教外別傳，這又是南岳禪觀之一大特色。

---

31 大正新脩大藏經　第四十六冊　No. 1923《諸法無諍三昧法門》，
　　p0627c25(02)－p0627c26(02)
32 大正新脩大藏經　第二十五冊　No. 1509《大智度論》p0180c08－
　　p0180c11。

（五）隨自意觀，意起即修

慧思之隨自意三昧，「意起即修」，不偏限於行住坐臥，可運用於日常生活，隨意念之生，自由觀照，故知慧思提倡之《隨自意三昧》，動中修禪，不受時空限制，打破傳統修行方式，成一創舉。

（六）大小禪法，融為一爐

慧思的《諸法無諍三昧》闡釋了一乘究竟佛果。在他之前禪法則以小乘為架構，他受《大智度論》之影響，開啟了大小乘禪法之先河。他運用了「定慧雙開」的修學方法，成為慧思自己的獨有禪觀特色。

四、結　論

中國天台法脈，代代相傳，浩繁之概，眾所周知，慧思二祖，教觀並弘，禪學思想，定慧雙開。近代台灣學僧聖嚴法師列舉數則以明慧思對禪門的貢獻：

1.《法華經安樂行義》載：「《法華經》者，大乘頓覺，無師自悟，疾成佛道。」
2.《諸法無諍三昧法門》載：「妙法華會，但說一乘頓中極頓，諸佛智慧。」
3.《受菩薩戒儀》載：「皆順正法，治生產業，悉入圓宗。」

　　聖嚴法師指出，從《受菩薩戒儀》中「皆順正法，治生產業，悉入圓宗」之意趣，南岳慧思將日常生活皆納入行持圓宗之理念。故他在《大乘止觀》將日常生活，包括飲食、禮佛、做菜、大小二便均列入實踐止觀法門之修行範圍。[33] 由此觀之，慧思之圓頓止觀不共於三乘、大乘止觀，開創中國禪宗革新之思想。故天台與禪宗關係密切，慧思對初期禪宗思想發展有著深遠之影響。

　　太虛大師認為，中國佛法正統，自然要重視禪觀，《太虛大師全書》載：

> 太虛大師曾說：「天臺學與禪宗關係頗深，創始的慧文、慧思二師，都是修禪的禪師。到了智者成立教義的時期，禪宗尚未十分興起，而當時一般佛弟子，所修的禪定，要算天臺之一心三觀的禪為最高的禪定了。」[34]

　　太虛大師明言，能夠代表教門之一代時教，首推天台，蓋其教觀並弘，止觀不異，二諦圓融，太虛對天台禪觀推崇備至，可見一斑。

　　近人台灣學僧釋慧嶽在《天臺教學史》發表一文更認為，慧思重新詮釋《法華經》後，一洗《法華經》不受重視的情況，大大提高《法華經》的地位，智顗繼之，使《法華經》至今地位崇高，被奉為無上醍醐，慧思起了關鍵性之作用。[35]

　　從天台的組織與內容看，天台的宇宙二元論結構平實紮穩，

33 釋聖嚴：《大乘止觀法門之研究》，《慧思大師文集》。長沙：岳麓書社，2011。

34 太虛大師：《太虛大師全書第一編佛法總學（三）源流》，中國佛學，頁695。太虛大師全書影印委員會。

35 釋慧嶽：《天臺教學史。台北：財團法人佛陀教育基金會，1993，頁39。

與中國思想深層融和。從佛教歷史發展來看，它是最具代表性的
中國佛教宗派。天台表現之哲學智慧，不僅分析，而且實踐，教
觀並行，附合現代科學研究，客觀而理智，深究而力行，可謂實
事求是，一絲不苟，這種教觀智慧，自然吸引不少知識份子所注
意和學習。

　　天台依法華，教觀兼備，用權顯實，直指自心。所謂教觀雙
開，目足並舉，故法華文句，即解即行。故慧思禪觀，堅持解行
並重，止觀不異，至智者所繼承，開天台之一代宗師。中國近代
佛教復興史上，弘天台者雖不多，亦不寂寞。自民國至今，弘此
宗者不乏其人。初有諦閑弘於觀宗，且開枝於青島，散葉於香江、
台灣；同期之輩，繼有空也法師說教於南岳，倡天台於南北兩地。
嗣後天台學脈嗣法弟子數十人，其中寶靜、倓虛、靜權三位大師
最為出色，使天台宗法脈得以復興。

從馮友蘭《中國哲學史・玄奘之成唯識論》看修行者成佛（轉識成智）之歷程

一、玄奘之生平

玄奘法師生於隋文帝仁壽二年（西元六六四年）。俗姓陳名褘，洛州緱氏人。自幼家貧，但聰穎好學。隋煬帝大業八年（西元六一二年），皇帝下詔度僧。當時玄奘只有十一歲，年齡不合規定，但他深受哥哥長捷法師的薰陶，抱有弘法利生的志願，於是也去應徵，終於得到主考的賞識而破格取錄。玄奘研讀佛經時，發覺經文中常有文義未周全的地方，產生很多疑問，不能解決，不知所從，於是發願要到印度取經，表請不許，不為所屈，私發長安，歷盡險阻始抵天竺，於那爛陀寺，依戒賢等諸名師，廣研經教。玄奘後來走遍全印度，朝體佛陀的聖跡，在印度一共逗留十五年，沿途經過五十六個國家。在唐太宗貞觀十九年（西元六四五年），他帶了許多經典、舍利和佛像等物回國。

玄奘在弘福寺開始翻譯的工作，前後十九年，共譯出了經論七十五部，一千三百三十五卷。又由弟子筆錄《大唐西域記》，敍述取經的經過。唐太宗還寫了一篇《聖教序》來頌揚他。

二、唯識義簡介

(一) 唯識雙離空有

依唯識宗所言說一切外物都是假有，那為什麼佛教也說有種種「我相[1]」，及種種「法相[2]」呢？縱然在世間迷情的人，說得不對，那末，你們覺悟的聖教上，就不應該這樣說：也有「我相」和「法相」啊！唯識家答覆這個問題，很簡單的，只用「假說」兩個字就夠了！《成唯識論》卷一言：

> 若唯有識，云何世間及聖教說有我法?論曰：世間、聖教說有、法，但由假立，非實有性。我謂主宰。法謂軌持。[3]

意思就是說：世間人所執的，是「無體隨情假[4]」，聖教上所謂說，是「有體施設假[5]」，就是說：世間人所「執的我相」和「法相」，本來是「無體」的，不過是因為世間上的人，隨著自己的迷情，而執著當為是「實有」，其實在真理上說起來，完全是假

---

1 世間人所執的「我」，有種種相：有情，命者，作者我，受者我……種種「我相」。
2 世間人所執的「法」，有種種相：實德業等，數論師所執的二十五諦等……種種「法相」。
3 見《大正藏》卷三一，頁一。
4 為有體與無體之並稱。體，指實體。有體，即指有實體；無體，即指無實體。關於諸法之實體，說一切有部主張法體恆有；大乘法相宗則認為，在能依之相以外，另有所依之體，亦即諸法之遍、依、圓三性中，在依他起性之諸法之外，另有圓成實性之真如實體。至於華嚴、天台等法性宗，則主張能依之相即是所依之體，故在依他起性之諸法之相以外，無有圓成實性之真體。〔大乘入楞伽經卷一〕
5 見前註。

的，所以叫做「無體隨情假」。什麼叫做「有體施設假」呢？就
是說：佛經上所說的「我相」（佛經上說的我，有種種相：聲聞，
辟支佛，菩薩，佛陀等……種種「我相」。）和「法相」（佛經
上說的「法」，有種種相：五蘊[6]，十二處[7]，十八界[8]，四諦[9]，十
二因緣[10]，六度[11]，四攝[12]等……種種「法相」。），它的「真

---

6 （五蘊）：色(物質)、受（感覺）、想（知覺）、行（意志）、識(心)。
7 十二處：指六根加六境。又作十二入、十二入處。處為梵語 ayatana 之
　　譯，乃養育、生長之意。即長養心、心所之法，計分為十二種，乃眼、
　　耳、鼻、舌、身、意、色、聲、香、味、觸、法等處。前六處為六根，
　　係屬主觀之感覺器官，為心、心所之所依，有六內處之稱；後六處為六
　　境，屬客觀之覺知對象，為心、心所之所緣，稱六外處。此十二處攝盡
　　一切法，若配於五蘊，眼、耳、鼻、舌、身、色、聲、香、味、觸等十
　　色處，相當於色蘊；意處即為識蘊，賅攝六識及意界之七心界；法處為
　　受、想、行三蘊，即賅攝四十六心所、十四不相應行、無表色及三無為
　　等六十四法。〔雜阿含經卷十三、大毘婆沙論卷七十一〕_p343
8 十八界：梵語 astadaca dhatavah。乃指在我人一身中，能依之識、所依之
　　根與所緣之境等十八種類之法。界為種類、種族之義。謂十八種類自性
　　各別不同，故稱十八界，又作十八持。即眼、耳、鼻、舌、身、意等六
　　根（能發生認識之功能），及其所對之色、聲、香、味、觸、法等六境
　　（為認識之對象），以及感官（六根）緣對境（六境）所生之眼、耳、
　　鼻、舌、身、意等六識，合為十八種，稱為十八界。十八界中，除去六
　　識，則為十二處，而六識實際亦由十二處之意處所開展，依此，十八界
　　或十二處攝盡一切法。〔大毘婆沙論卷七十一、俱舍論卷一〕
9 四諦，梵語 satya，巴利語 sacca，審實不虛之義。即指苦、集、滅、道
　　四種正確無誤之真理。
10 十二因緣：十二因緣乃說明一個人生命之現象，其實任何事情之起末，
　　也不脫離同樣道理。此十二因緣可前者為因，後者而果，亦可反溯後者
　　為因，前者為果。其內容為：無明→行→識→六入→名色→觸→受→愛
　　→取→有→生→老死。
11 六度：梵語sad-paramita, sat-paramita。全稱六波羅蜜多。譯作六度、六
　　度無極、六到彼岸。波羅蜜譯為度，為到彼岸之意。即為達成理想、完
　　成之意。乃大乘佛教中菩薩欲成佛道所實踐之六種德目。即(一)布施波
　　羅蜜（梵 dana-paramita），又作施波羅蜜、檀那波羅蜜、布施度無極。
　　有財施、法施（教以真理）、無畏施（除去眾生恐怖，使其安心）三種，
　　能對治慳貪，消除貧窮。(二)持戒波羅蜜（梵 cila-paramita），又作戒
　　波羅蜜、尸羅波羅蜜、戒度無極。持守戒律，並常自省，能對治惡業，

如法性[13]」，是普遍一切法上的，是有體性的，不過是佛菩薩親證的「離言法性」，本來是沒有言說的，但為要度眾生起見，不得不用方便言說，施設種種名言，所以叫做「有體施設假」。

這些「我相」和「法相」，都是依託各人的「八個識[14]」，心王[15]和心所[16]的「自證分[17]」，變出來的「見分[18]」和「相分[19]」。

使身心清涼。(三)忍辱波羅蜜（梵 ksanti-paramita），又作忍波羅蜜、羼提波羅蜜、忍辱度無極。忍耐迫害，能對治瞋恚，使心安住。(四)精進波羅蜜（梵 virya-paramita），又作進波羅蜜、毘梨耶波羅蜜、精進度無極。實踐其他五德目時，上進不懈，不屈不撓，能對治懈怠，生長善法。(五)禪定波羅蜜（梵 dhyana-paramita），又作禪波羅蜜、禪那波羅蜜、禪度無極。修習禪定，能對治亂意，使心安定。(六)智慧波羅蜜（梵 prajba-paramita），又作慧波羅蜜、般若波羅蜜、明度無極。能對治愚癡，開真實之智慧，即可把握生命之真諦。以上六波羅蜜，始於布施，而終於智慧，由此可知大乘菩薩之偉大胸襟。〔大品般若經卷一序品、菩薩地持經卷一、卷十、六度集經

12 四攝：布施、愛語、利行、同事。

13 如來之法身係以真如為自性，故稱真如法身。真如為一切現象之實性，超越所有之差別相；如來之法身即以之為自性，滅除一切煩惱障，具足一切善法，如如不動。〔合部金光明經卷一之三身分別品、梁譯攝大乘論釋卷十四〕。

14 梵語 astau vijbanani。瑜伽行派與法相宗五位法中之心法。即眼、耳、鼻、舌、身、意、末那、阿賴耶，共八識。其中眼等六識隨所依根而立名；末那識即為意，依其自性而立名；阿賴耶識依攝持諸法因果之義，亦即從自性而立名。或稱眼等五識為前五識，意識為第六識，末那識為第七識，阿賴耶識為第八識。又眼至末那乃阿賴耶所生、轉易故，總稱為轉識或七轉識；對此，阿賴耶為七轉諸法之因，故稱根本識、種子識。又有分八識為三能變，阿賴耶識名為初能變，末那識為第二能變，前六識為第三能變。

15 心王：有部及法相宗等所列五位法中之心法。相對「心所」而言，六識或八識之識體自身稱為心王。意為精神作用之主體。說一切有部以眼、耳、鼻、舌、身、意等六識之識體為一，故列心王為一；法相宗以八識（六識加末那識、阿賴耶識）各有識體，故列心王為八。〔百法明門論忠疏卷上、百法明門論疏卷上〕

16 心所：梵語 caitta, caitasika，巴利語 cetasika。又作心數、心所有法、心所法、心數法。從屬於心王。乃五位之一。與心相應而同時存在，為種種複雜之精神作用。以從屬於心，故對心所而言，心謂「心王」。心

列表說明之：

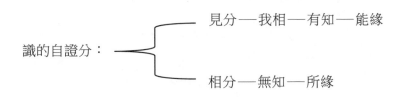

識的自證分：

見分──我相──有知──能緣

相分──無知──所緣

　　所變的既有「我相」和「法相」兩種，而能變唯有三種。其一為「第八異熟識」，其二為「第七思量識」，其三「前六了別境識」。若有眾生執「離心別有外境」──增執[20]；或「以識不存在者」──減執[21]，有心外法，輪迴生死；覺知一心，生死永棄，可謂無上處中道理。

　　王與心所之間，有所謂五義平等（所依平等、所緣平等、行相平等、時平等、事平等）之相應關係，故心所又稱相應法、心相應法。離此心王，是否別有心所之體，對此，有部主張別體說，其他諸派另有多種異說。

17　自證分：證是證知，所謂自，指前見分，見分是第三分緣外之用，體即第三分，非他物，所以叫作自；此第三分，更證知前見分的作用，所以叫作自證分。例如自知見色聞聲等，即證知見分所已經分別者的作用。

18　見分：見是照知，是說對於境相識知分別的功能，例如眼識別色、耳識別聲、鼻識別香，八識見分各識對所緣境，能夠各別照事明白，所以把它叫作見。

19　相分：相的意義就是相狀，就是境界的相狀（也就是外界的事物映現在認識主觀之前的相狀），例如眼識緣取色境有顯色形色等相狀，耳識緣取聲境有合意不合意等相狀，鼻識緣取香境有香臭等相狀，舌識緣取味境有甘辛等相狀，身識緣取觸境有堅濕等相狀，第六識緣取法境從而有色心等相狀，第七識緣取第八見分帶我法的相狀，第八識緣取種子、五根、器界也各帶其相狀。

20　增執：為「減執」之對稱。謂增益之執，如執著諸法實有的偏於「有」之執情。為二種妄執之一。成唯識論述記卷一本（大四三‧二四三下）：「由此內識體性非無，心外我法體性非有，便遮外計離心之境實有增執。」又減執則謂損減之執，如執著諸法空無的偏於「無」之執情。

21　見註前。

（二）識之四分[22]

四分是唯識家為闡明諸識作用的各方面，根據唯識義理來區分的。四分是：一、相分，二、見分，三、自證分，四、證自證分[23]。四分雖然都是識自體的作用，然而其中第三自證分是諸識的自體，相見二分所依，所以它對其餘的三分，又叫作自體分。

唯識家說一切有為無為法（即宇宙萬有）皆非離識別有自性。識的意義是了別，就是分別了達（也就是認識），所了別的山河大地、日月星辰等，叫作境（或事物）；能了別山河大地等境的作用，叫作識或者心。能了別和所了別皆不離識，所以說是唯識。

諸識的心王心所起了別對境的作用時，其自體必定起四種差別，叫它作四分。「分」是分限區域的意思，即心心所發的自體生起時，皆變現似所緣和似能緣相，叫它作見分（就是認識作用）；相見二分所依的自體有證知見分的功能，叫它作自證分；證自證分有證知自證分的功能，叫它作證自證分。四分說是唯識一家獨特的主張，也是唯識家精密的學說之一。見表[24]如下：

---

22 依《述記》所述，有四派不同主張：一分說：安慧主張「自證分」才是識的自體。二分說：難陀主張識體唯是「見分」及「相分」。三分說：陳那主張識體「自證分」開成「見分」及「相分」，合成三分。四分說：護法在陳那三分說的基礎之上，更立「證自證分」：此「證自證分」足以證知「自證分」的了知無誤，而「自證分」則向前證知「見分」的活動，向後又反證「證自證分」的活動。如是四分，彼此關連而趨於完善。

23 證自證分。自證指前自證分，更確證前自證分的作用叫作證自證分，即是從自證分更起能緣的作用返照前自證分。但證知這個證自證分的作用，仍是自證分，所以第三第四兩分，互為能緣所緣。

24 李潤生：《唯識三十頌》。香港：密乘佛學會、博益出版集團有限公司，1994，頁134。

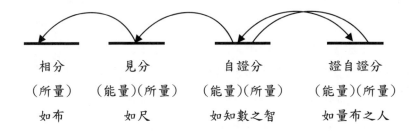

相分	見分	自證分	證自證分
（所量）	（能量）（所量）	（能量）（所量）	（能量）（所量）
如布	如尺	如知數之智	如量布之人

（三）第一能變即阿賴耶識[25]

每一衆生各具八識，每一識各有若干心所，每一心或心所各析為相、見二分等。一切心及一切心所，概言之，只是無數相分、見分而已。（自證分及證自證分攝入見分中。）而此無數相分、見分，各各從自種子而生。（種子義詳後。一部分相分與見分同種子生；一部分相分別有種子，不與見分同種。）由種子各別故，從種子所生起之相分、見分，遂各自成一單體。然則所謂一個衆生者，只是一堆種子或一堆相、見耳。此一堆種子或相、見為是

---

25 阿賴耶，梵語 alaya 之音譯。為八識（眼、耳、鼻、舌、身、意、末那、阿賴耶等識）之一，九識（八識及阿摩羅識）之一。又作阿羅耶識、阿黎耶識、阿剌耶識、阿梨耶識。略稱賴耶、梨耶。舊譯作無沒識，新譯作藏識。或作第八識、本識、宅識。無沒識意謂執持諸法而不迷失心性；以其為諸法之根本，故亦稱本識；以其為諸識作用之最強者，故亦稱識主。此識為宇宙萬有之本，含萬有，使之存而不失，故稱藏識。又因其能含藏生長萬有之種子，故亦稱種子識。　此外，阿賴耶識亦稱初刹那識、初能變、第一識。因宇宙萬物生成之最初一刹那，唯有此第八識而已，故稱初刹那識。而此識亦為能變現諸境之心識，故亦稱初能變。由本向末數為第一，故稱第一識。由於有阿賴耶識才能變現萬有，故唯識學主張一切萬有皆緣起於阿賴耶識，此亦為唯心論之一種。至於阿賴耶識為清淨之真識，或染污之妄識，乃佛學界所爭論之一大問題。

散沙一盤，都無統攝耶？抑或有一種勢力統攝之耶？唯識家就諸
行觀察，以爲相、見之排列，極有條理，甚且可以數學解析之；
相、見之生起，又極有秩序，甚且可從數理以推究其因果。彼等
復從定中體驗，覺此千條萬緒的相、見及其種子，有一種生生不
息的力以統攝之。此力並非永恒不變的主宰，而是與諸種子、諸
相、見每一刹那俱生俱滅之連續，名之曰阿賴耶識。[26]

（四）第二能變末那識及第三能變前六識

第七末那識，其建立之義據有二：一、由與第六意識爲根故。
二、衆生互有微細我執及微細無明現行故。此微細我執及微細無明，
此無明名曰互行不共無明；以無始以來互時現行，有障無漏有障無
漏智之勝用，而此種勝用非前六識所共有故。乃衆生不能轉凡爲聖
之根本；又此我執及無明，恒時現行，必非與前六相應之我執與無
明，以前六識有間斷故；故立末那以作所依之心王。由有末那恒起
我執及無明故，外令前六識恒成有漏，內令第八識不得轉成無漏。
所謂外令六識成有漏者：謂由末那恒起我執及無明故，末那自身是
雜染性；末那爲根而生意識，意識亦成有漏；（根能影響識，如根不
健全則識不明了是）。有漏意識道令前五識亦成有漏故。所謂內令第
八不得轉成無漏者：由有漏前七識恒現行，常熏有漏相、見種子入
第八識中故，障礙第八識中無漏種子，令不得發現；有漏第八識不
斷，無漏第八識便不得起也。[27]

前六識與第八、第七不同。第八、第七恒時現行；前六識則

---

26 羅時憲：《唯識方隅》第十卷。香港：佛教志蓮圖書館、羅時憲弘法教育
　　基金有限公司，1998，頁95-96。

27 羅時憲：《唯識方隅》第十卷。香港：佛教志蓮圖書館、羅時憲弘法教育
　　基金有限公司，1998，頁108-109。

有不現行時，如極重睡眠及死亡時，前六識便不行。又前六識皆
緣塵顯境而起別。故自古以來，談唯識者，常將六識合爲一類。[28]

（五）一切唯識[29]

唯識家破「我」、「法」皆「非實有」之理由：《唯識三十
頌》文說：「由此彼皆無，故一切唯識」中的「此」字，指上文
諸識自證分（自體分）變似「見分」及「相分」之理。「彼」字
則指「所分別」的實我、實法。由諸識自體分轉變為「見分」及
「相分」亦名為「分別」，由此諸識分別，變似外境的假我種種
相，及假法種種相，則彼所分別的實我、實法，離「三能變識」
決定皆無，故《唯識三十頌》文說，「由此彼皆無」。如是一切
所知境，若有為法，若無為法，若實法（如心、心所等）、若假
法（如所執實我、實法），都不是子虛烏有而來，而是「諸識轉
變見相二分」所顯現，非離識有別實物，以一切法皆不離識故，
《唯識三十頌》文說：「故一切唯識」──「唯識」是「一切法
不離識」義。

---

28 羅時憲：《唯識方隅》第十卷。香港：佛教志蓮圖書館、羅時憲弘法教育
　　基金有限公司，1998，頁 116。
29 唯識：梵語 vijbapti-matrata。音譯毘若底摩呾喇多。識，即心之本體，
　　離識變現之外無任何實在，稱為唯識。即認為吾人自己心外之物心諸現
　　象皆由八識自體所變現之主觀（見分）與客觀（相分），又將所認識對
　　象之相似形狀視為心內之影像所映現而認為實在實有，且作為認識對象
　　之物境自體（本質）亦從阿賴耶識中之種子變生，故唯識以外無其他實
　　在，稱為唯識無境，或據萬有從識所變之意義，而稱為唯識所變。此理
　　論見於成唯識論卷二。可分為：(一)因能變，又作因變、生變；所有之
　　存在皆從阿賴耶識中之種子變生。(二)果能變，又作果變、緣變；其結
　　果在八識上起主觀與客觀之區別，而向對象作用。觀心覺夢鈔卷下分為
　　以下二種道理說明：(一)熏習道理，即生變之義，種子係由自心之作用
　　深植於識中。(二)轉變道理，即緣變之義，由識變現見、相二分。

三、轉識成智

(一) 成佛的條件

據唯識家言,修行人要轉識成智必須透過實踐,才可悟入「唯識實性」,成就佛果。而眾生中欲得佛果的先決條件,須具「大乘二種種性[30]」:本性住種性、習所成種性。

(二) 修行的次第

眾生無始欲以來恆常地執世間為實我實法,而不知諸法唯識所現,故須用修行之方法,才能悟入唯識。唯識宗提供之修行方法,分為五個階位:

資糧位

從初發菩提心起,到暖等四加行智生起之前,名資糧位。言

---

30 修行人要具大乘二種種性方能於五位中漸次修行,證得佛果。五種種性:聲聞種性人生命中唯具有證得阿羅漢果之生空無漏智種子。獨覺種性人唯具證獨覺果之生空無漏智種子。此二種性之有情,唯斷煩惱障,證生空真如,各得自乘之果。菩薩種性人唯具證佛果之生法二空無漏種子。此種性有情,兼斷煩惱、所知二障,證二空真如。不定種性人有四類別:(一)具菩薩、聲聞二性;(二)具菩薩、獨覺二性;(三)具聲聞、獨覺二性;(四)具聲聞、獨覺、菩薩三性。無性有情不具三乘無漏種子,唯有有漏種子,不能斷煩惱、所知二障,但修世間善業,受人、天有漏果報。 言大乘二種種性者,在上述五種種性中,一屬菩薩種性及不定種性之一部份有情(除去「(三)具聲聞獨覺二性」者),無始以來具有證得佛果之本有無漏種子,而未遇善友為說正法,乃至未發大菩提心,是名本性住種性。既發心後,多聞正法,修習佛果因行,薰習有漏聞、思、修慧,由薰習力,令彼本有無漏種子勢力增長,是名習所成種性。具此本性住及習所成二種種性者,乃能於五位中修行證果也。(羅時憲:《唯識方隅》第十卷。香港:佛教志蓮圖書館、羅時憲弘法教育基金有限公司,1998,頁 292-294。)

資糧者，意謂資益身心之糧食。此位菩薩，信解唯識道理，發求大菩提之心，謂趣無上菩提，歷十住、十行、十迴向，具修福、智二種資糧，故名資糧位。言福智者：六度、四攝、四無量等中，慧者名智，餘皆名福。有大乘種性之人，內具慈悲、智慧，外逢良師益友，始聞正法，思流轉之可厭，愍含識之艱，能引發起求大菩提之願，名曰發心。

加行位

菩薩於十迴向滿心之時，轉入加行位。言加行者，謂資糧已具，將入見道，乃於止觀中加功修行也。此位中之「止」皆第四靜慮。此位中之「觀」智，則有暖[31]、頂[32]、忍[33]、世第一法[34]四位。詳見下表[35]：

31　且初暖位者：依明得定，發下品尋思，觀凡夫能偏計心執為定實之所取境空。此所取境皆從虛妄心、心所法之所現起，體用都無，故皆空也。「明得定」者，乃從第四靜慮中別開此名，謂在此定中初得唯識無境智明，故以名也。此位菩薩，初得無漏智火藥味之「前相」，猶如鑽木取火，暖為「前相」，故其觀名為暖也。次頂位者：依明增定，發上品尋思，種觀所取境空。明相轉增，故名「明增」，仍是第四靜慮中別開之定名也。

32　「頂」是極義，居上位義；有漏尋思，至此已登峰造極；故名為頂。譬猶鑽木取火，熱氣上騰，無漏智火出不遠矣。

33　次忍位者：依印順定，發下品如實智，先於所取境空決定印持；次於能取識空，亦順樂忍可；次複印持能取識空。菩薩在此位中，印前所取無，順後能取無，及印能取無，故其定名印順定。「忍」者：印可，認知之義。此位之觀智，能先後印可認知境識皆空，故名忍也。譬猶鑽木取火，煙已發矣。

34　次世第一法：依無間定，發上品如實智，雙印所取境及能取識空。從此無間，必入見道，故名其定曰無間定。此位觀智雖仍有漏，然於世間法，最勝、第一，故名世第一法。猶如鑽木取火，無焰之火欠然流出；此火無間，發生猛焰，則喻見道時最初現行之無漏智也。

35　佛陀教育基金會：《唯識要義》。台北：財團法人佛陀教育基金會，2003，頁162。

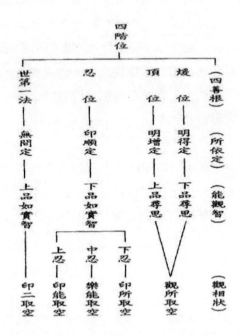

　　世第一法無間，無漏智現前，現證真如，故名通達。菩薩入此位時，能伏第六識相應俱生煩惱障[36]現行，永斷分別二障[37]種子。

通達位

　　見道有兩重：1.真見道；2.相見道。

　　真見道者：體離虛妄，故名為真。真見道時之無漏智名根本智。根本智起時，迫附於真如自體，能證之智與所證真如打成一片，無尋思分別，無名言（概念），無諸相貌可得。此智初出現

---

36 煩惱障：梵語 klecavarana。又作惑障。指妨礙至菩提之道（即聖道），而使無法證得涅槃之煩惱而言。
37 二障：又作二礙。<一>煩惱障與所知障。係瑜伽行派與法相宗對貪、瞋、癡等諸惑，就其能障礙成就佛果之作用所作之分類。

時，先斷分別所起二障種子，及暫伏俱生二障種子令不現行，名無間道（與加行位無間而生）；隨即證得由斷伏二障而顯現的真如自體，名解脫道。前後二道連接出現；又每一道雖歷時多剎那事方究竟，但以前後相似相續；故名「一心見道[38]」。

真見道後，根本智[39]沉沒，代之而起者為後得智。後得智有分別，有名言（概念），有相貌可得，名相見道。此智起時，由與其俱起之念心所之助力，現似真見道時之情況模仿之，復用言說模仿其事將以悟他，非真證理，只是模仿，名相見道。

修習位

菩薩在此位歷十地、修十波羅蜜多（勝行）、斷十重障、證十真如。詳見下表：

---

38 指如實證得生、法二空所顯真理，與如實斷除所知、煩惱二障之階位。又作真見道、一心見道。
39 根本智：又作如理智、無分別智、正智、真智等。修行者在禪定中直接親證真如的離言語、無名言概念的智慧。《景德傳燈錄》卷7，《大正藏》第51卷，頁254。

十地名稱	所修勝行	所斷十障	所證十真如
一、極喜地	布施	異生性障	偏行真如
二、離垢地	持戒	邪行障	最勝真如
三、發光地	忍辱	闇鈍降	勝流真如
四、燄慧地	精進	微細煩惱現行降	無攝受真如
五、極難勝地	靜慮	於下乘般涅槃障	類然別真如
六、現前地	般若	粗相現行障	無染淨真如
七、遠行地	方便善巧	細相現行障	法無別真如
八、不動地	願	無相、中作加行障	不增減真如
九、善慧地	力	利他中不欲行障	智自在所依真如
十、法雲地	智	於諸法中未得自在障	深自在等依真如

　　十地中第一極喜地有入、住、出三心。初入地心位為通達位，已如上說。從初地住心起至成佛前之金剛無間心止，此一極長之階段，總名修習位。菩薩於見道時已斷分別起二障種子，證唯識

性（真如）。為斷俱生起二障種子及其習氣（此中「習氣」二字
作「所生之影響」解），證得菩提、涅槃二種轉依，復數數修習
無分別智（根本智），故名修習位，亦名修道。此位菩薩，經歷
十地，修十波羅蜜多，斷十重障，證十真如，如《解深密經・地
波羅密多品》說：「今以其所修、所斷境界距離吾人尚遠，而吾
人現前所極須者則為積集初級福、智資糧、學習止觀、速入初地。」

究竟位

　　菩薩於第十地滿時，金剛無間道生起，永斷二障種子；至解
脫道，捨餘有漏及劣無漏種子，證四智菩提及四涅槃果，即斷煩
惱障得涅槃，斷所知障得菩提；此二果又名二種轉依（轉煩惱障
得大涅槃，轉所知障證無上覺。）[40]

　　智菩提者，體即無漏八識，約用分為四種心品：

　　1.大圓鏡智[41]相應心品，此轉有漏第八識聚所得，攝持一切無
漏種子，能現佛果依正二報及餘種種色像，窮未來際，如在圓鏡
影現眾色。
　　2.平等性智[42]相應心品，此轉有漏第七識聚所得，無有我執，

40見《成唯識論》卷十。

41大圓鏡智：梵語 adarca-jbana。即指可如實映現一切法之佛智。此種佛智，
　如大圓鏡之可映現一切形像，密教稱為金剛智。依唯識宗所說，成佛以
　後，煩惱即轉變為智慧。此種智慧可分四種，其第四種（即第八阿賴耶
　識）轉變為清淨智，此即大圓鏡智。密教將此四智，加上法界體性智，
　合稱五智，即東方阿俞佛所成之智。

42平等性智：梵語 samata-jbana。又作平等智。乃四智心品之一，五智之一。
　指體悟自、他平等之智。即轉第七末那識所得之智慧，依此智慧而了知
　一切事相及自他皆平等，乃生起大慈悲心。佛地論卷三謂平等性智乃觀

觀自他有情平等，能隨十地菩薩所樂示現他受用身、土。

　　3.妙觀察智[43]相應心品，此轉有漏第六識聚所得，善能觀察諸法自相、共相，攝藏無量陀羅尼門、三摩地門，於大眾會中能起神通，轉大法輪，斷一切疑等。

　　4.成所作智[44]相應心品，此轉有漏前五識聚所得，為欲利樂地前菩薩及二乘、凡夫等，偏於一切世界，示現種種化業，成就本願力所應作事。

　　以上四智具足，名大菩提，唯究竟位，即佛果位。

四、結　論

　　佛教唯識宗之修行方法──五重唯識觀[45]，及其路徑均依本

自、他一切皆平等，大慈大悲恆常相互契合而無間斷，故建立佛地「無住涅槃」（不住於生死、涅槃之涅槃）。隨諸有情之所樂，示現自、他受用之身與土等種種影像。對於初地以上之菩薩，示現他受用之身土，常行大慈大悲之化益。心地觀經卷二（大三・二九八下）：「平等性智，轉我見識得此智慧。是以能證自他平等二無我性，如是名為平等性智。」

43妙觀察智：梵語 pratyaveksana-jbana。為顯教四智之一，密教五智之一。即巧妙觀察諸法而自在說法之智，乃轉第六意識所得者。配於密教五部中之蓮華部，以彌陀如來為主。又若配於五大，以此智明辨邪正，故應配於水大。〔成唯識論卷十、菩提心論、祕藏記〕

44成所作智：梵語 krtyanusthana-jbana。又作作事智。為四智之一，五智之一。即轉前五識（眼識、耳識、鼻識、舌識、身識）所得之智。蓋自證化他之二利應作，故稱所作；大悲隨類應同之妙業必得成就，故稱成。密教五佛中之不空成就如來配當此智。

45五重唯識觀：法相宗以諸法均由觀識轉變而來，持此觀法，將唯識體之淺深粗細次第分為五重，此即五重唯識觀。又見道以前之相似觀有五重層次，但在見道真觀，達到第一重之唯識觀時，即可立證真如。　五重唯識觀為窺基所創，即：(一)遣虛存實識，遣，即遮遣，意為否定。在三性中，遍計所執為虛妄，體用皆無，故捨遣之；以依他、圓成為諸法之體相與實性，以其為真實，故存留之，並觀此二性乃唯識之所現，此

宗之法理，然別宗有別宗之所依，例如淨土宗行者可修「念佛三昧[46]」、天台宗行者可修「一心三觀[47]」……，各適其適。然而，各宗的共同點皆不離修習「止觀[48]」法門。蓋聖凡之分野，在於見道已否，而見道者則必在四禪天，而四禪境又不離修習止觀，故可謂萬法歸宗，百川匯流。

唯識一學，造於六經[49]，發於彌勒，繼之無著，功於世親，顯於華夏，首推玄奘，弘揚中土，賴於窺基，文義周全，條理分明，汪洋妙法，自成體系，可謂百官之富，宗廟之美。馮友蘭認

為第一重唯識觀。(二)捨濫留純識，在第一重觀之時，依他之事與圓成之理雖不離識，但內識中仍有客觀之境界（相分）與主觀之心（見分、自證分），心唯內有，境亦通外，為恐相分之內境與心外之境混淆，無法得到正觀，故須捨境留心，此為第二重唯識觀。(三)攝末歸本識，在第二重觀之時，雖已捨離心境相對之濫境，然所留之心法仍有識自體（自證分）之本與作用之末（見相二分）的分別，因末離本則不存在，故攝末歸於本，此為第三重唯識觀。(四)隱劣顯勝識，心王和心所之自體，雖同樣變現見相二分為能緣、所緣，然心所僅為心王之伴屬，作用較劣，故須隱蔽較劣之心所而彰顯較勝之心王。此為第四重唯識觀。(五)遣相證性識，第四重時，雖已顯存心王，但心王有事、理之別（事為相用之依他起性，理為性體之圓成實性），故須遣依他之相用，證圓成之實性。此為第五重唯識觀。

46禪觀之一。指以念佛為觀想內容之一種禪定。亦即觀念佛德或稱念佛名之三昧。分為因行、果成二類。

47一心三觀：乃天台宗之觀法。為天台宗基本教義之一。又稱圓融三觀、不可思議三觀、不次第三觀。一心，即能觀之心；三觀，即空、假、中三諦。知「一念之心」乃不可得、不可說，而於一心中圓修空、假、中三諦者，即稱一心三觀。此為圓教之觀法，係不經次第而圓融者。

48止觀：為佛教重要修行法門之一。據大乘起信論舉出，修行止觀門之方法，即：止息一切境界散亂之相而隨順奢摩他（止）；分別因緣生滅之相而隨順毘婆舍那（觀），以此二義漸漸修習，不相捨離而得成就。據北本大般涅槃經卷三十，各別舉出修習止與觀之三種事由，即：(1)為不放逸、莊嚴大智、得自在等三事，而修習奢摩他（止）。(2)為觀生死惡果報、增長善根、破諸煩惱等三事，而修習毘婆舍那（觀）。

49六經：《大方廣佛華嚴經》、《解深密經》、《如來出現功德莊嚴經》、《阿毗達磨經》、《楞伽經》、《厚嚴經》是唯識宗所依之經典。

為，玄奘所倡導之唯識宗是較少中國人思想之傾向及甚具哲學味道，是佛學之忠實弘道者[50]。他又認為，玄奘所言之「空之空」較法藏所言之「空」義更見精微[51]。此外，他據天臺第九組荊溪大師之「金剛碑」的「無情有性[52]」之說（無情者如草木瓦石等），比較唯識宗與天台及華嚴宗之異（佛性之普遍）：唯識宗以外界之事物，皆吾人之識所現。故皆爲吾人所受用者，非其自身有存在，或有存在之價值。不論正報——吾人之根身等，或依報——外界之山河大地等，皆爲吾人之受用而存在。若依華嚴、天臺二宗所說，則一切皆真心所現；一一事物，皆真心之全體所現。如此，則一一事物，皆如水中之波，清濁雖有不同，而其漂性則一。真如雖隨緣而現爲一一事物，而在一一事物之中，仍復常恒不變。以真如之體，何遄於彼我？如此，則一一事物，皆有其自身之存在，而其皆有佛性。[53]馮氏又嚴格區分「中國佛學」與「佛學在中國」之別。他說：

> 「中國佛學」和「佛學在中國」的含意是不同的。佛教的某些宗派始終堅守印度佛教的宗教和哲學傳統，和中國思想不相關聯，例如唐代玄奘法師（公元五九六～六六四年）由印度介紹到中國的法相宗（着重一切東西都是「識」所變，亦稱「唯識宗」），可以稱之為「佛學在中國」。它

---

50 馮友蘭：《中國哲學史》。香港：開明書局，頁 705。
51 馮友蘭：《中國哲學史》。香港：開明書局，頁 750。
52 無情有性：謂即無情之物，亦有佛性也。湛然說：「圓人始未知理不二，心外無境，誰情無情？法華會中，一切不隔；草木與地，少微何殊？舉足修途，皆趣修途，皆趣實緒；彈指合掌，咸成佛因。與一許三，無乖先志。豈至今日，雲無情無？」物物皆有佛性，中國之佛學思想家，湛然可謂造其極也。
53 馮友蘭：《中國哲學史》。香港：開明書局，頁 768-769。

們在中國的影響僅限於某個圈子裡，並僅限於某個時期。它們沒有試圖去接觸中國思想界，因此，對中國人的思想發展也沒有產生任何作用。「中國佛學」則是佛學傳入中國後，與中國哲學思想接觸後的發展。下面我們將會看到例如「中道宗」，與道家思想便有某些相似之處。中道宗與道家思想的相互作用導致「禪宗」的興起，它是佛家，而在思想上又是中國的，並形成中國佛教的一個宗派。它雖是佛教的一個宗派，卻對中國哲學、文學、藝術產生了深遠的影響。」[54]

　　由此可知，法相唯識，義繁理密，思想大體，不出天竺。《識論》一書，素稱難讀，義隱詞艱：非有志者，難窺堂奧，非慕道者，難入其觀，

---

54 見馮友蘭：《中國哲學簡史》。香港：三聯書店，2005 年，頁 244。

中觀與唯識修觀方法之
異同及其影響

蔡玉輝　林律光

摘　要

　　「中觀」與「唯識」兩大宗派，一空一有如鳥之雙翼，不但影響印度佛教思想，傳來東土之後，融入本土文化而建立起富有中國色彩的佛教，尤其禪觀之學，廣被接受及大放異彩，不單孕育出禪學和天台教觀等偉大思想，儒者更援禪而開創了宋明理學，對中國後世的思想界影響甚大。在義理方面，兩派論師各持宗義，為了孰是究竟、孰是了義而形成對峙的局面。自清辨與護法展開「空有之諍」後，兩派後人各抒己見，般若「以遮作表」，法相「即用顯體」，互相評破。佛陀說法只有一個目的，就是為了眾生轉迷成悟，解脫生死輪迴，但眾生根器非一，為了對機說法，方便善巧開演「中觀」與「唯識」，兩者同出而異名，都是佛說的真實義理。無論「般若中觀」或「唯識法相」，都是讓眾生對於我空、法空能夠生起正解，繼而修習慧觀斷除煩惱障和所知障。禪觀包括止（奢摩他）和觀（毘缽舍那）兩部份，只有透過四禪的基礎下觀空，才能引發無漏根本智證悟空性，這是千古不變的定律。禪觀是佛法的精髓，亦是修行的核心，對後世佛教影響深遠。

　　關鍵詞：唯識　世親　中觀　龍樹　空觀

一、緒　言

（一）中觀興起的背景

　　中觀學派是因龍樹弘揚中道而得名，根據姚秦三藏鳩摩羅什譯的《龍樹菩薩傳》記載：「去世已來始過百歲」[1]，又《高僧傳》記載，鳩摩羅什卒於姚秦弘始十一年（公元 409 年）八月二十日[2]。以理推之，龍樹菩薩大約生於公元二至三世紀，出生於南印度婆羅門種性，距佛滅後七百年間，當時印度佛教早已分裂成二十個部派，各派對釋尊遺教各持己見、互相抨擊，諍論時有發生，導致教團四分五裂。龍樹天資甚高，是一位曠世奇才，對於世間學問涉獵甚廣，舉凡天文地理等學，無一不精，及後修習小乘，出家為僧。據印順法師所著《印度佛教思想史》第四章記載，龍樹出家後誦聲聞乘的三藏，所引律典多與《十誦律》[3]同，所以傳說龍樹是在一切有部出家，大致可信。

　　龍樹先學小乘三藏，當時雖然有大乘經典存世，但不普及。他誦小乘三藏九十日便盡通諸奧義[4]，對於聰明絕頂的龍樹來說，當然不會滿足，為了獲得更深奧義，於是修習大乘佛法。當時雖

1　姚秦·鳩摩羅什譯：《龍樹菩薩傳》，大正新脩大藏經，第 50 冊，No.2047b，第 1 卷，頁 0186b28。
2　梁·慧皎撰：《高僧傳》，大正新脩大藏經，第 50 冊，No.2059，第 2 卷，頁 0333a03。
3　《十誦律》，又稱《薩婆多部十誦律》，佛教戒律經典，屬於說一切有部。後秦·弗若多羅並羅
　　什譯：《十誦律》，大正新脩大藏經，第 23 冊，No.1435，共 61 卷。
4　姚秦·鳩摩羅什譯：《龍樹菩薩傳》，大正新脩大藏經，第 50 冊，No.2047b，第 1 卷，頁 0185c20。

有大乘經典面世，但並不十分普遍，其後他前往北印度雪山一座塔寺向一老比丘取得大乘經典，天資聰穎的龍樹很快又通達這些經典義理，但仍不覺得滿足，認為還未達至究竟，於是再尋其他大乘經典，唯遍尋不獲。及後生我慢心，認為佛法不過如此。此時有大龍菩薩出現帶引龍樹到龍宮，呂澂認為大龍是宣傳大乘經典的人，龍宮大概是北印度龍族所住之處[5]，龍樹在龍宮看了很多深奧的經典，而且有部份經典十分流行。他認為大乘佛法博大精深、浩如煙海，於是潛心鑽研眼前典籍，孜孜不倦，九十日中，終於悟入「無生法忍」[6]，得經一箱而回。他離開龍宮後回南印度，得到憍薩羅國王（玄奘在《大唐西域記》稱為引正王）的支持，大力弘揚大乘佛法[7]。當時北印度盛行一切有部，以《大毘婆娑論》為主，主張「三世實有」[8]，在印度北部的勢力很大，而南印度則有所謂「方廣道人」[9]，主執「惡取空」[10]，認為一切法好像龜毛

5　呂澂：《印度佛學源流略講》，上海人民出版社，2005 年 4 月 1 日出版，頁 89。.

6　唐·玄奘譯：《大般若波羅蜜多經》，大正新脩大藏經，第 7 冊，No.0220，第 449 卷，頁 0264b23：
「如是不退轉菩薩摩訶薩以自相空觀一切法，已入菩薩正性離生，乃至不見少法可得，不可得故無所造作，無所造作故畢竟不生，畢竟不生故名無生法忍，由得如是無生法忍，故名不退轉菩薩摩訶薩。」

7　呂澂：《印度佛學源流略講》，上海人民出版社，2005 年 4 月 1 日出版，頁 90。

8　一切有部認為一切法都是「三世實有」，恒存於過去、現在、未來三世。依唐·玄奘譯：《大毗婆娑論》，大正新脩大藏經，第 27 冊，No.1545，第 76 卷，頁 0395c28：「答三世諸法因性果性，隨其所應次第安立，體實恒有無增無減，但依作用說有說無，諸積聚事，依實有物，假施設有，時有時無。」

9　姚秦·鳩摩羅什譯：《大智度論》，大正新脩大藏經，第 25 冊，No. 1509，第 1 卷，頁 0061a28：「更有佛法中方廣道人言：『一切法不生不滅，空無所有，譬如兔角龜毛常無。』

10　唐·玄奘譯：《成唯識論》，大正新脩大藏經，第 31 冊，No. 1585，第 1

兔角一樣常無。由於當時印度境內小乘部派林立,見解不一,而流行的大乘自身亦觀點各異,傳統教派更認為「大乘非佛說」,互相攻擊,這時的印度佛教處於四分五裂,於是龍樹將佛教重新改革,弘揚大乘佛法,將所搜羅得來的經典撰論解釋存世。

(二) 唯識興起的背景

唯識學是佛家一個重要的系統,在印度大乘佛法領域,能與「中觀」並駕齊驅的就只有「唯識」學派。「唯識」又名「有宗」、「法相宗」,唯識行者特別注重禪觀修持,所以又名「瑜伽行派」。佛滅後大約九百年期間,北印度出了兩個偉大的高僧——無著和世親兩位菩薩。無著和世親是同父異母的兄弟,兄長無著是「唯識學」的始創人,最初在小乘薩婆多部出家,根據陳天竺三藏法師真諦譯的《婆藪槃豆法師傳》記載 ,無著因為修習空觀但苦不能悟,曾經想去自殺,幸得遇賓頭羅阿羅漢,為他說小乘空觀,然後才能悟入。《婆藪槃豆法師傳》載:

> 婆藪槃豆是菩薩根性人。亦於薩婆多部出家。後修定得離
> 欲。思惟空義不能得入。欲自殺身。賓頭羅阿羅漢。在東
> 毘提訶觀見此事從彼方來。為說小乘空觀。如教觀之即便
> 得入。[11]

---

10 唐·玄奘譯:《成唯識論》,大正新脩大藏經,第 31 冊,No. 1585,第 1
　　卷,頁 0039b18:「撥無二諦是惡取空,諸佛說為不可治者。」
11 陳·真諦譯:《婆藪槃豆法師傳》,大正新脩大藏經,第 50 冊,No. 2049,
　　第 1 卷,頁 0188b29。

　　無著雖然悟入小乘空義，但仍不滿足，希望能夠更進一步，於是在定中前往兜率內院，請教彌勒菩薩大乘義理，彌勒菩薩更每夜下降無著的講堂說五部大論。《婆藪槃豆法師傳》載：

> 阿僧伽譯為無著。爾後數上兜率多天　諮問彌勒大乘經義。彌勒廣為解說隨有所得。還閻浮提。以己所聞為餘人說。聞者多　不生信。無著法師即自發願。我今欲令眾生信解大乘。唯願大師下閻浮提解說大乘令諸眾生皆得信解。彌勒即如其願於夜時下閻浮提。放大光明廣集有緣眾。於說法堂誦出十七地經。隨所誦出隨解其義。經四月夜解十七地經方竟。雖同於一堂聽法。唯無著法師得近彌勒菩薩。餘人但得遙聞夜共聽彌勒說法。畫時無著法師更為餘人解釋彌勒所說。因此眾人聞信大乘彌勒菩薩教。無著法師修日光三摩提。如說修學即得此定。從得此定後昔所未解悉能通達。有所見聞永憶不忘。佛昔所說華嚴等諸大乘經悉解義。彌勒於兜率多天。悉為無著法師解說諸大乘經義。[12]

　　當時無著弟弟世親亦於小乘薩婆多部出家，世親天資穎異，學問過人，博學多聞，但卻不信大乘佛法，無著恐世親毀謗大乘而落惡道，故派人找世親報稱自己有急病，世親急往無著講堂探望兄長，無著為世親解說大乘，世親隨即深解大乘教義，自咎以往曾經毀謗大乘，欲割舌謝罪，後聽無著勸導保留舌頭用來弘揚

---

12 陳·真諦譯：《婆藪槃豆法師傳》，大正新脩大藏經，第 50 冊，No. 2049，第 1 卷，頁 0188c09。

大乘，於是世親捨小乘隨兄長習大乘唯識，廣造諸論，光大唯識學派。據《婆藪槃豆法師傳》記載：

> 第二婆藪槃豆。亦於薩婆多部出家。博學多聞遍通墳籍。神才俊朗無可為儔。戒行清高難以相匹。兄弟既有別名故法師但稱婆藪槃豆……阿僧伽法師既見此弟聰明過人識解深廣該通內外。恐其造論破壞大乘。阿僧伽法師住在丈夫國。遣使往阿緰闍國報婆藪槃豆云。我今疾篤汝可急來。天親即隨使還本國與兄相見諮問疾源。兄答云我今心有重病由汝而生。天親又問云何賜由。兄云汝不信大乘恒生毀謗。以此惡業必永淪惡道。我今愁苦命將不全。天親聞此驚懼即請兄為解說大乘。兄即為略說大乘要義。法師聰明殊有深淺。即於此時悟知大乘理。應過小乘。於是就兄遍學大乘義。後如兄所解悉得通達解意即明思惟。前後悉與理相應無有乖背。始驗小乘為失大乘為得。若無大乘則無三乘道果。昔既毀謗大乘不生信樂。懼此罪業必入惡道。深自咎責欲悔先過。往至兄所陳其過迷今欲懺悔。先譽未知何方得免。云我昔由舌故生毀謗。今當割舌以謝此罪。汝若欲滅此罪當更為方便。法師即請兄說滅罪方便。兄云汝舌能善以毀謗大乘。汝若欲滅此罪當善以解說大乘。阿僧伽法師殂歿後。天親方造大乘論。解釋諸大乘經。華嚴涅槃法華般若維摩勝鬘等。諸大乘經論悉是法師所造。又造唯識論。釋攝大乘三寶性甘露門等諸大乘論。[13]

---

13 陳·真諦譯：《婆藪槃豆法師傳》，大正新脩大藏經，第 50 冊，No. 2049，第 1 卷，頁 0188c27。

　　世親的年代已經是佛滅後九百年，直至一百六十年期間，曾發生過因大天「五事」[14]而分裂成二十部派，到三百年時候又有迦陀延尼子造《發智論》而流行「我空法有」之小乘教義，當時佛教中人大都執著諸法為實有，並以此作為主流，至七百年時龍樹出世作《大智度論》、《中論》、《十二門論》等，以畢竟空破斥諸法實有，大乘空宗面世，但有誤解空理者又墮於空見，直至世親出世，弘慈氏唯識之學，調和上述空執和有執。當時所流行的「中觀」只破而不立，並無解釋生命如何存在、流轉如何進行、還滅如何可能等問題，而唯識的「賴耶種子」學說正好對此問題得以互補。據李潤生先生說：

　　　剩下來的唯有中觀與唯識兩大體系，在印度大乘佛學中，便如車之二輪，鳥有兩翼，彼此並行，不能偏廢。中觀重點在破執顯體，破相不破法，從究竟中道空以契證諸法實體，是以對一切法都無所說明，更無所立；生命如何存在？流轉如何進行？還滅如何可能？如是等等問題，學人都不能通過中觀學派以獲得稱心合理的解答。唯識重點在立正破邪，通過心識結構以彰顯生命現象的本質，建立「賴耶種子學理」以述說流轉、還滅的完整歷程，施設「三自性」與「三無性」以評斷是非、真妄一切價值，與無諍、無立的般若中觀恰成互補。[15]

---

14 唐・玄奘譯：《阿毘達磨大毘婆沙論》，大正新脩大藏經，第 27 冊，No.1545，第 99 卷，頁 0511b28：
　　「大天於後集先所說，五惡見事，而作頌言：餘所誘、無知、猶豫、他令入、道因聲故起，是名 真佛教。」
15 李潤生：《成唯識論述記解讀》（破執篇 第 1 冊），台北，全佛文化事業有限公司，2005 年 10 月出版，頁 24。

二、中觀的空觀與特色

(一) 中觀「空」的定義

　　龍樹時代，大乘思想的典籍陸續出現，他認為大乘思想應該要有組織和總結。他從佛教最基本的精神出發，同時亦不遺餘力地批判一些學說，特別是一切有部的學說，他抓住了佛學的根本問題——究竟的境界問題（佛的境界），他認為最究竟的境界應以菩提為目標[16]。他以《般若經》為主，將經中的「空」義加以詮釋和演繹，這方面他做得相當成功。他是已經悟得「無生法忍」的人，對於體驗空性，他是過來人，所以他的思想都是從見道的立場而看一切事事物物。他明白佛陀的核心教法是「緣起」，緣起的自性是「空」，當時所有佛教無論部派或大乘都得承認此點。所以他強調一切法都是「緣起性空」，只有透過「緣起性空」才能成立一切法。龍樹在《中觀論頌》〈觀四諦品〉中說：

> 眾因緣生法，我說即是無；亦為是假名，亦是中道義。
>
> 未曾有一法，不從因緣生，是故一切法，無不是空者。[17]

　　說明了一切靠因緣（條件）所做成的事物，就是「空」的，

---

16 呂澂：《印度佛學源流略講》，上海：人民出版社，2005 年 4 月 1 日出版，頁 94。

17 姚秦·鳩摩羅什譯：《中論》，大正新脩大藏經，第 30 冊，No. 1564，第 4 卷，頁 0033b11。

但此「空」是形容詞，例如現象界中的一個陶瓷花瓶（法）」，它是由眾多條件（包括：泥土、水……）造成，這陶瓷花瓶由一開始到毀滅，其過程都是在不停地變化中，沒有一刻停留過，其他一切由因緣造成的任何事物，無論是物質現象或精神現象亦都一樣是「空」的。但是此花瓶本質雖然是空、是不實在，在世間卻有它的作用，它可以用來插花美化環境，或給人欣賞，因此約定俗成根據它的作用起一個假名方便認識。由於凡夫不懂得花瓶是緣起，而執著它為實有，或相反執著它為實空，這是生死輪迴之根源。

龍樹所提出的「緣起性空」，主要是針對當時部派佛教的「有」。他認為部派佛教的流行的「空」與「有」已經脫離了佛陀的「無我」思想，他認為無論執實「有」或執實「空」，都是違背釋迦佛的原意，因此他提出「緣起性空」來改革，而中論就是將空義發揮到極點的理論。龍樹在《中觀論》說明「空」就是「緣起」的意思，他用一種破而不立的方法，給人的感覺是十分輕靈、爽快及俐落，所以對修習空觀的人來說，很多都用《中觀論》來觀空，尤其是西藏密教修毘缽舍那時，幾乎大部份都是以修中觀為主。

（二）龍樹「般若觀」的特色

龍樹菩薩在《中觀論》首卷〈觀因緣品第一〉就開宗明義標出了著名的「八不」偈：「不生亦不滅，不常亦不斷，不一亦不異，不來亦不去。」[18]他透過「生滅、常斷、一異、來去」來說明了一切法自性本空，他是從最根本的「自性見」[19]著手，單刀直入地

---

18 姚秦·鳩摩羅什譯：《中論》，大正新脩大藏經，第 30 冊，No. 1564，第 4 卷，頁 0001b14。
19 自性就是自體。我們見聞覺知到的，總覺得他有這樣的實在自體。從根

直接去剷除這「自性見」，絕不拖泥帶水，並承繼《阿含經》的「無我」思想，將《般若經》的空義闡揚出來。「自性見」是眾生輪迴的根源。由於「自性見」而生起我執和法執，這些都是煩惱，我執能障涅槃，法執可障菩提。若要剷除「自性見」，一定要靠空慧，《阿含經》多處提到「無我」思想，《阿含經》所說的「無我」大致為《般若經》所說的「空」，龍樹的《中觀論》是依《般若經》而著，這點是確定的，因為在玄奘所譯的《大般若經》中就出現過有關「八不」的字句。《大般若經》記載：

> 於此般若乃至布施波羅蜜多，竟無少法有入有出、有生有滅、有常有斷、有一有異、有來有去而可得者。[20]

> 佛告善現：「若菩薩摩訶薩修行般若波羅蜜多時，如實知一切從緣所生法，不生不滅、不斷不常、不一不異、不來不去，絕諸戲論本性淡泊。善現！是為菩薩摩訶薩修行般若波羅蜜多。」[21]

> 佛告善現：「若菩薩摩訶薩行深般若波羅蜜多時，如實知一切從緣所生法，不生不滅、不斷不常、不一不異、不來

本的自性見說，我們不假思惟分別，在任運直覺中，有一『真實自成』的影像，在心上浮現，不是從推論中得來的實自性。因直覺中有這根本錯誤的存在，所以聯想、推論、思惟等等，都含著錯誤……這自性見，在一一法上轉，就叫法我見，在一一有情上轉，就叫人我見。」(印順：《中觀論頌講記》，台北，正聞出版社，1992 年一月(修訂一版)，頁 20-22。)

20 唐‧玄奘譯：《大般若經》，大正新脩大藏經，第 7 冊，No. 220，第 504 卷，頁 0569b04。

21 唐‧玄奘譯：《大般若經》，大正新脩大藏經，第 7 冊，No. 220，第 384 卷，頁 0988a03。

不去，絕諸戲論，本性淡泊。善現！是為菩薩摩訶薩能學
如是三解脫門，亦能學從緣所生諸法。」[22]

智慧的生起要經「聞、思、修」三個階段，而修慧（毘缽舍
那）是要依定（最少是初禪）的基礎之下才能正式修習空觀，思
索《般若經》中「空」的義理，最後達到止觀雙運，能所俱忘，
這樣才能見道，證悟真如，這時候才是真正步入聖人的行列。《中
論》脫胎於《般若經》，以「勝義諦」和「世俗諦」來觀察諸法
畢竟空。「勝義諦」是聖者以根本智親證空性的境界，此境界如
人飲水，冷暖自知，可謂言語斷道，心行處滅，真的是有口難言。
「世俗諦」有名相概念，在「世俗諦」中，凡夫執著一切法皆為
實有，而龍樹善巧利用「世俗諦」的語言文字，說明一切法畢竟
空。但龍樹在《中論》並無建立任何一法，他只破而不立，這是
他睿智的表現，因為現象界凡有立者，便會有破，不立一法，外
人欲破無從。他運用一種「以遮作表」的方法，修觀時凡所有概
念都須空掉。當然空掉此概念必須經過一番辨證思索去加強其應
該「空」的道理，最後得到「空」的結論時，連這個「空」的結
論都要空掉，就好像前面有一大堆東西，如果問那個才是空性，
《中論》不會答空性是什麼，《中論》的觀法是只要將前面一大
堆的東西逐一空掉，到最後出現的便是空性。

黃教祖師宗喀巴大師一向以戒律和止觀馳名於世，他所著的
《菩提道次第廣論》二十四卷之中，「奢摩他」和「毘缽舍那」的篇
幅就佔了全書的一半，「奢摩他」部份由〈十四卷〉至〈十六卷〉，

---

22 唐·玄奘譯：《大般若經》，大正新脩大藏經，第 7 冊，No. 220，第 472
卷，頁 0389a16。

內容多引用「唯識」經論如《解深密經・分別瑜伽品》、《瑜伽師地論・聲聞地・菩薩地》、《辨中邊論》、《阿毘達磨集論》、《俱舍論》等；但「毘缽舍那」部份由〈十七卷〉至〈二十四卷〉，內容卻幾乎全引用有關龍樹菩薩為主的「中觀」思想著疏，如《中論》、《入中論》、《修次三篇》、《六十正理論》、《中觀光明論》、《中觀莊嚴論》、《中觀根本慧論》、《寶鬘論》、《七十空性論》、《迴諍論》、《中觀根本論佛護疏》等，篇幅超過全書三份之一，可見《中論》在《菩提道次第廣論》修觀方面的重要性。宗喀巴大師認為若要通達真實正見，先要具備毘缽舍那正因資糧，要先尋求了義。宗喀巴大師對龍樹的中觀思想十分推崇備至，在《廣論》卷十七記載：

> 親近無倒了達佛語宗要智者，聽聞無垢清淨經論，由聞思慧引發通達真實正見，是必不可少毘缽舍那正因資糧。若於實義無決定見，必不能生通達如所有性毘缽舍那故。又此正見，要依了義而善尋求，不依不了義，故須先知了不了義所有差別，乃能解悟了義經義。此若不依定量大轍解密意論，如同生盲又無導者而往險處，故當依止無倒釋論。為當依止何等釋論？謂佛世尊於。多經續明了授記，能解深義聖教心藏，遠離一切有無二邊，曰：聖《龍猛》遍揚三處；應依彼論而求通達空性見解。[23]

　　《廣論》在修觀方面，首先要行者依止有關龍樹的釋論，這是修觀的第一步，宗喀巴大師認為有關《般若經》釋論之中，只

---

23 宗喀巴大師著，法尊法師譯：《菩提道次第廣論》，臺北：圓明出版社，1993．頁 401。

有龍樹的著疏才是最了義，若要修觀達空性，就必須先了解《中論》等有關龍樹的著釋，這是修習空觀的資糧，如果不依此而修觀，就好像一個盲人在險境上走動，隨時都會發生意外，例如我們要出外遠行，首先要具備糧食、地圖、指南針等，才不會出意外。因為只有龍樹菩薩才能夠無顛倒地解釋《般若經》的義理，如欲通達空性，就必須修習空觀，修空觀就一定要學習《般若經》。唯末法時期，一般眾生的根器比較差劣，面對義海汪洋的《大般若經》，如無名師指導，雖畢生鑽研，亦難以闡幽明微，因此只有依龍樹《中論》來修毘缽舍那，才能通達空性。《廣論》在卷二十二引用月稱論師《入中論》以車喻來觀眾生五蘊自性見不可得：

> 如車非許離自支，亦非非異非具支，非依他支非支依，非聚非形此亦爾。如車與自支，於一異等七中皆無故唯假有，我與取蘊說亦如是。此中若車有自體性，則以正理觀性有無，於一異等七相之中，定有所得，然於彼七皆非有故，定無自性。言車支者謂軸輪轄等，車與彼支自性非一。若性一者，如支眾多車當亦多，如車是一支亦當一。[24]

此段說明了五蘊如車之合成，以一異等七相來觀自性見不可得，無論執著實有眾多零件（五蘊）合成的車（眾生）是一是異，都是不合理的，月稱論師運用了「兩難法」的論證，此雙刀法亦是龍樹在《中論》裡常用的手法。

龍樹《中論》思想除了破邪之外，最重要的還是在實踐方面，

---

24 宗喀巴大師著，法尊法師譯：《菩提道次第廣論》，臺北：圓明出版社，1993，頁 501-502。

而實踐則不離於「止觀」，特別是「毘缽舍那」慧觀方面更為重要，因為只有透過「毘缽舍那」的修習，般若種子才能起現行，而龍樹《中論》的觀法，主要是運用種種方法去破斥實有，將修觀時意識之所緣境空掉，不須建立什麼是空性，予人一種輕鬆、飄逸的感覺，其中過程是行者必先要獲得初禪，在禪定中思辨《中論》的內容，當到最後只剩下「空」的概念，這時候，「空」的概念是十分難除的，在觀行中，意識的見份仍然緣著「空」這個相份，能觀與所觀仍然相對。《中論》是用「因言遣言」的方法，以後言空去前言，這是修空觀最直接了當的方法，雖然經過一輪快刀斬亂麻的手法，但「空」的所緣境還是出現在意識中，借用憨山大師一句名言：「月明簾下轉身難。」好像一個人在窗下睡眠，被一輪明月映照著，睡姿就算如何轉身，其身影都被人看得十分清楚，不能隱去，正如觀中如何空法，而「空」的概念還是十分難除；最後連「空」的相份沉沒，這時侯，沒有能取、所取的對立，亦是無漏種子最初現行之時，真正體會真如，名為通達位。

三、唯識的空觀與特色

（一）唯識「空」的定義

唯識學派依《瑜伽師地論》建立阿賴耶識持種子學說：

問前說種子依。謂阿賴耶識。而未說有有之因緣廣分別義。何故不說。何緣知有廣分別義。云何應知。答由此建立是佛世尊最深密記。是故不說。如世尊言。阿陀那識甚深細，一切種子如瀑流；我於凡愚不開演，恐彼分別執為我。[25]

25 唐·玄奘譯：《瑜伽師地論》，大正新脩大藏經，第 30 冊，No. 1579，第

云何建立阿賴耶識雜染還滅相。謂略說阿賴耶識是一切雜
染根本。所以者何。由此識是有情世間生起根本。能生諸
根根所依處及轉識等故。亦是器世間生起根本。由能生起
器世間故。亦是有情互起根本。一切有情相望互為增上緣
故。所以者何。無有有情與餘有情互相見等時。不生苦樂
等更相受用。由此道理當知有情界互為增上緣。　又即此
阿賴耶識。能持一切法種子故。[26]

　　種子是一種功能，有情眾生什麼種子都有，包括四聖六凡十
法界[27]，我們所認識的森羅萬象世界，亦是由阿賴耶識所含藏的
種子現行的。當種子現行時，八識自體會分為見分和相分，見分
是能了別的部分，而相分則是被見分所了別的對象。根據《解深
密經》所說，一切法（包括有為法、無為法）的本質有三種：一、
遍計所執性，二、依他起性、三、圓成實性。《解深密經》載：

謂諸法相略有三種。何等為三。一者遍計所執相。二者依
他起相。三者圓成實相。云何諸法遍計所執相。謂一切法
名假安立自性差別。乃至為令隨起言說。云何諸法依他起
相。謂一切法緣生自性。則此有故彼有。此生故彼生。謂

---

51 卷，頁 0579a10。

26 唐·玄奘譯：《瑜伽師地論》，大正新脩大藏經，第 30 冊，No. 1579，第
　　51 卷，頁 0581a25。

27 吳汝均：《佛教大辭典》，北京，商務印書館國際有限公司，1995 年 9
　　月(北京第三次印刷)，頁 53：「十界：眾生可能存在的十種界域，此中
　　有迷有悟：地獄、餓鬼、畜生、阿修羅、人、天、聲聞、緣覺、菩薩、
　　佛。其中，由地獄至天界的六界，是凡夫的迷妄的界域；而後面的四界，
　　則是聖者的覺悟的界域。兩者合起來，是所謂六凡四聖。」

無明緣行。乃至招集純大苦蘊。云何諸法圓成實相。謂一切法平等真如。[28]

　　遍計所執性是指眾生對依他起的事物上執為實我實法，能知的心識對所認識的對境執為離識而有實的自體，因為一切法皆由阿賴那識的種子現行，所以一切法皆不離於識，此離識之法本不存在，無體無用，只是凡夫對所知境錯誤認知，周遍計度而執為實有，唯識對此體用皆無之法，說名為「空」。依他起性是指由眾緣和合所生的事物，此依他起由種子現行所致，其自性由眾緣所決定，沒有實自性，但卻有幻用。圓成實性是指真如、空性、佛性等，由修習禪觀原故，在依他起性上空去我執、法執，透過我空、法空手段所顯出來的空性，此空性是一切法的實性，無有生滅，所以名為圓成實性，此圓成實性只能親自證悟，言語文字無法形容。

　　唯識對空的定義可依彌勒菩薩說的《辯中邊論頌》第 1 卷來說明：

　　　　虛妄分別有，於此二都無，此中唯有空，於彼亦有此。故說一切法，非空非不空，有無及有故，是則契中道。[29]

　　根據世親菩薩在《辯中邊論》對此頌的解釋：

28　唐·玄奘譯：《解深密經》，大正新脩大藏經，第 16 冊，No. 676，第 2 卷，頁 0693a15。
29　唐·玄奘譯：《辯中邊論頌》，大正新脩大藏經，第 31 冊，No. 1601，第 1 卷，頁 0477c09。

虛妄分別有者。謂有所取能取分別。於此二都無者。謂即
於此虛妄分別。永　無所取能取二性。此中唯有空者。謂
虛妄分別中。但有離所取及能取空性。於彼亦有此者。謂
即於彼二空性中。亦但有此虛妄分別。若於此非有。由彼
觀為空。所餘非無故。如實知為有。若如是者則能無倒顯
示空相。復次頌曰。故說一切法。非空非不空。有無及有
故。是則契中道。[30]

其大意謂：「虛妄分別有」，「虛妄」是不實在的意思，「分
別」是指眾生有漏之心、心所法，這不實在的有漏心、心所法是
緣起而存在的，所以名為「有」。「於此二都無」：「此」虛妄
分別，並無眾生所執著的實能取、實所取，此「二」種實能取、
實所取，無體無用，根本不存在，是「無」的，只是凡夫不明萬
法唯識，到處計較執著以為實有，屬於三自性之「遍計所執性」。
「此中唯有空」：在「此」虛妄分別心、心所法之「中」，只「唯
有」離能取、所取而顯之「空」性，此空性是一切法之體，又名
真如。「於彼亦有此」：以「彼」空性為體，亦有「此」虛妄分
別之用。「故說一切法」：是「故」對於「一切法」包括虛妄分
別之有和二空所顯之無為法。在俗諦來說：「非空非不空」，由
於有虛妄分別的作用，所以是「非空」；但卻無實能取、實所取，
所以是「非不空」。「有無及有故」：在依他起而言，緣生幻有
的作用是「有」的，但是實有能取和實所取卻是「無」有，「及」
以空性為體，體中有用，用亦不能離體，所以名「有」。「是則
契中道」：謂一切法有虛妄分別的作用，而無實能取、實所取，

---

30 唐・玄奘譯：《辯中邊論》，大正新脩大藏經，第 31 冊，No. 1600，第 1
卷，頁 0464b18。

這樣不執著實空，亦不執著實有，這樣才是「契」合「中道」，亦符合《般若經》說的一切法非空非有。另彌勒菩薩在《瑜伽師地論》〈攝決擇分中菩薩地之六〉云：

> 當為汝說總空性相。善男子。若於依他起相及圓成實相中一切品類雜染清遍計所執相畢竟遠離性。及於此中都無所得。如是名為於大乘中總空性相。[31]

當眾生觀緣生的依他起性時，遠離虛妄分別的遍計所執性之空，透過我空、法空而顯的空性，此是三自性中的圓成實性。

(二) 世親「唯識觀」的特色

唯識學派修行，不出「境、行、果」三個階段，「境」是所觀之境，指唯識義理。「行」是修行六度，最重要的是修「唯識觀」而證涅槃之「果」。唯識學十分重視禪觀的修持，有漏眾生第八識的種子能夠現行的全是染污種子，凡夫有漏心識的「見分」，長期被虛妄分別的相分所束縛，雖有無漏清淨種，但因被壓伏而不能發揮作用，故此沉淪生死，無有出期，只有透過戒、定、慧的修行，在加行位中，以第四禪觀空，在世第一法達到「能所雙忘」，根本智證悟空性，滅除分別煩惱，並壓伏俱生煩惱令其不起，這樣無漏種子才會生起，才能脫離生死。

世親唯識不同於龍樹中觀的當體即空觀法，將一切法分為「名、相、分別、正智、如如」五類。根據《大乘入楞伽經》云：

---

31 唐·玄奘譯：《瑜伽師地論》，大正新脩大藏經，第 30 冊，No. 1579，第 77 卷，頁 0727a15。

> 諦聽！當為汝說。大慧！五法自性諸識無我，所謂：名、
> 相、分別、正智、如如。[32]

　　「相」是指宇宙萬有種種相狀，由於相狀繁多，總名為「相」。
「名」是在「相」之上，假立種種名言概念加以詮釋。「相」與
「名」都是凡夫有漏心、心所之相分。「分別」是指凡夫有漏心、
心所之見分，去識別「相」與「名」。「正智」是指聖人無漏心、
心所之見分，由於是清淨種子所現行，故名為智。「如如」是指
真如，一切法之體。唯識再以三自性將五法攝之，各經論對三自
性與五法的關係有多少出入，《瑜伽師地論》載：

> 問三種自性相等五法。初自性。五法中幾所攝。答都非所
> 攝。問第二自性幾所攝 。答四所攝。問第三自性幾所攝。
> 答一所攝。[33]

　　依彌勒菩薩所說《瑜伽師地論》之遍計所執性體用俱無，故
不攝五法。「名、相、分別、正智」是依他起性所攝。「如如」
是圓成實性所攝。

茲列性與五法關係圖表（遍計所執性不攝五法）如下：

---

32 唐·實叉難陀譯：《大乘入楞伽經》，大正新脩大藏經，第 16 冊，No. 672，
　　第 5 卷，頁 0620a22。

33 唐·玄奘譯：《瑜伽師地論》，大正新脩大藏經，第 30 冊，No. 1579，第
　　74 卷，頁 0704c23。

三自性	五法	見分、相分	有漏、無漏	體用
依他起性	名	相分	有漏	用
	相	相分	有漏	
	分別	見分	有漏	
	正智	見分	無漏	
圓成實性	如如	---------	無漏	體

　　唯識觀法先要了解何謂三自性，首先觀「遍計所執性」是空的，例如在黑夜之中，看見麻繩誤以為是蛇，一切法皆不離識，但此蛇是並非種子現行，亦無作用，根本是空的，只是凡夫在依他起上，妄心執著離識而實有，所以修唯識觀時，先要遣除此「遍計所執性」。其次觀「依他起性」是緣生法，「緣」是條件的意思，依《中論》之〈觀因緣品第一〉有四種緣：

　　　何謂四緣？因緣次第緣，緣緣增上緣，四緣生諸法，更無
　　　第五緣。一切所有緣，皆攝在四緣，以是四緣萬物得生。[34]

　　緣是眾生第八識種子現行而幻有，是心內法，並無實體，因此修觀時將「遍計所執性」遣除之後，跟著便要連「依他起性」亦要遮遣。無著《攝大乘論》所引彌勒菩薩說的《分別瑜伽論》八句頌文，可略攝繁複的唯識觀修行次第，論曰：

　　　菩薩於定位，觀影唯是心。義相既滅除，審觀唯自想。　如
　　　是住內心，如所取非有，次能取亦無，後觸無所得。[35]

34　姚秦·鳩摩羅什譯：《中論》，大正新脩大藏經，第 30 冊，No. 1564，第 1
　　卷，頁 0002b28。

　　此頌是一首很有名的修定偈，可惜《分別瑜伽論》沒有漢譯，頌文指菩薩行者在修唯識觀時，在已得奢摩他的基礎上，最少是初禪或以上，先觀名、相等影象只是唯心所變，並無心外之法，所有似法似義的相分既然已經滅除，深刻的觀察這些六境義相，都是唯識所現，不離於識。當觀察到唯有心識，就這樣安住於心，知道所了解的相分並非實有，進一步能取的見分亦無有實自體，這樣繼續觀下去，直至世第一法時，根本智便能證悟無所得的空性，此是離言境界。窺基撰《大乘法法苑義林章》卷一之〈唯識義林第三〉廣述唯識觀修行次第則有五重：

> 通觀有無為唯識故，略有五重，一遣虛存實識，觀遍計所執唯虛妄起都無體用，應正遣空，情有理無故。[36] 二捨濫留純識，雖觀事理皆不離識，然此內識有境有心，但識言唯不言唯境。[37] 三攝末歸本識，心內所取境界顯然，內能取心作用亦爾，此見相分俱依識有，離識自體本，末法必無故。[38] 四隱劣顯勝識，心及心所俱能變現，但說唯心非唯心所，心王體殊勝，心所劣依勝生，隱劣不彰唯顯勝法。

35 無著造，唐·玄奘譯：《攝大乘論本》，大正新脩大藏經，第 31 冊，No. 1594，第 1 卷，頁 0143c05。

36 窺基撰：《大乘法法苑義林章》，大正新脩大藏經，第 45 冊，No.1861，第 1 卷，頁 0258b21。

37 唐·窺基撰：《大乘法法苑義林章》，大正新脩大藏經，第 45 冊，No.1861，第 1 卷，頁 0258c14。

38 唐·窺基撰：《大乘法法苑義林章》，大正新脩大藏經，第 45 冊，No.1861，第 1 卷，頁 0258c26。

[39]五遣相證性識，識言所表具有理事，事為相用遣而不取，理為性體應求作證。[40]

第一重觀是「遣虛存實識」：遣虛是遣除遍計所執之實我實法，觀察此法體用全無，好像龜毛和兔角一樣，根本上是虛無的，只是虛妄分別心執為實有，情有理無，先要以空遣之。存實是暫存依他起，需靠眾多條件才能生起的現象，此是八識種子現行的相、見二分，圓成實是一切法之體，依他起和圓成實有體有用，但都不離於識，應該存有。此觀法是用「空觀」破除實我實法之「有」執，用「有觀」破除依他起和圓成實之惡取空執，這是唯識非空非有之中道。

第二重觀是「捨濫留純識」：「濫」是指修觀時之相分，純是指見分。雖然觀一切有為法之事和無為法之理皆不離識而存在，但會覺得所緣境好像外在而實有，故名為「濫」，因此亦要空掉。言唯識不言唯境者，是強調一切法不離於識。

第三重觀是「攝末歸本識」：「末」指見分，「本」指自證分。此時相分既空，何以還有見分，因此連見分亦空掉，只餘識的自體。識體名自證分，轉似相、見二分為用，心內所取之境和能取作用，皆依自證分而起，用不離體，故二分為「末」，自證分為「體」。在第二重觀時，已捨相分之「濫」，只留下見分之「純」，在此第三觀時，觀察相分已捨，何以還有見分存在，此時見分亦應空去，只留下識體（心王和心所）。

39 唐·窺基撰：《大乘法法苑義林章》，大正新脩大藏經，第 45 冊，No.1861，第 1 卷，頁 0259a04。
40 唐·窺基撰：《大乘法法苑義林章》，大正新脩大藏經，第 45 冊，No.1861，第 1 卷，頁 0259a12。

　　第四重觀是「隱劣顯勝識」：「劣」指心所，「勝」指心王，心所只附屬於心王，當諸識起時，必有一班心所相隨同起。心王猶如國王故名「勝」，心所如臣子要依附心王才能現起，所以名「劣」，隱劣不彰，唯顯殊勝，所以名叫「唯識」，而不叫「唯心所」。

　　第五重觀是「遣相證性識」：「相」是事相，指八個識之心王，是依他起有為法，「性」是一切法之體性，要透過我、法二空為手段所顯之真如「理」。事相為用，故不取，但只是不取，並非沒有，「性」是本體，即三性之圓成實，應該求證。

　　唯識觀法，由粗至細，如剝洋蔥一樣，一層一層次第捨遣，到最後便是境、識雙泯而證圓成實的「體性」。唯識觀修行主要目的是證悟我、法二空，斷煩惱障、所知障而得大菩提。《成唯識論》之〈第 1 卷〉開宗明義標出：

　　　今造此論，為於二空有迷謬者，生正解故。生解為斷二重
　　　障故。由我、法執，二障俱生；若證二空，彼障隨斷。斷
　　　障為得二勝果故。[41]

　　護法等菩薩開始就說出世親造《唯識三十論》之目的。「迷者」是指凡夫、外道對於我、法二空所顯的真如理不了解。「謬者」是指小乘人不善解空，執惡取空為真理。論主目的是為了這些有迷謬者生起正解。由於我、法二執的關係，生起能障大涅槃之煩惱障和障大菩提之所知障。修唯識觀主要證我空、法空，斷二障而得佛果，佛果包括二種殊勝之果名大涅槃、大菩提。

<hr>

41 唐·玄奘譯：《成唯識論》，大正新脩大藏經，第 31 冊，No. 1585，第 1
　　卷，頁 0001a08。

四、中觀與唯識禪觀方法比較

　　般若是佛教的核心思想,中觀與唯識皆著重「般若」。中觀依法性談「般若」,所以處處說「空」。唯識以依他起論「般若」,所以處處說「有」。唯識觀以依他起為主,若執為實我、實法便是遍計所執性,如果在依他起離開遍計所執性,透過我空、法空為手段所顯的真如理,便是圓成實性,此圓成實性自性本空,與中觀的當體即空,兩者概念是一樣的,中觀由空進入,唯識由有進入,兩宗論觀法過程雖異,但目的皆同。

　　其實法性和法相(指宇宙萬有,非法相宗)是一體兩面,法相不離於識,由種子現行而有,是依他起法,與中觀所說二諦之中世俗諦相同。中觀談緣起性空,緣起是世俗諦,性空是勝義諦。緣起不離性空,只有透過緣起才能把握性空。唯識談三性,依他起是世俗諦,圓成實性是勝義諦,依他起不離圓成實性,只有透過依他起才能證悟圓成實性,這與中觀所說的緣起性空是一致的。中觀多談空,故破而不立;唯識多談有,破立兼備。

　　修行佛法之門雖多,最重要的唯獨「止、觀」,這是佛教重要修行之一,只有實際透過禪觀的體驗,才能證悟空性,解脫生死輪迴,這點是無庸置疑的,很多經論都有談及「止、觀」的重要性,現舉《瑜伽師地論》和《雜阿含經》部分內容以資參考。《瑜伽師地論》之〈本地分中聲聞地第十三〉云:

　　　　為隨順瑜伽欲者。謂於無間加行殷重加行。修習道中發生
　　　　希慕發生欣樂……謂如所聞法獨處空閒。思惟其義籌量觀

察。為修精進者。謂入寂靜於時時間勤修止觀。為障淨精
進者。謂於晝夜策勵精勤經行宴坐。從諸障法淨修其心⋯⋯
無放逸故心正於內修奢摩他增上慧法毘鉢舍那。[42]

謂於晝分經行宴坐。於初夜分亦復如是。於中夜分右脇而
臥。於後夜分疾疾還起經行宴坐。即於如是圓滿臥具。諸
佛所許大小繩床草葉座等結加趺坐。乃至廣說。何因緣故
結加趺坐。謂正觀見五因緣故。一由身攝斂速發輕安。如
是威儀順生輕安最為勝故。二由此宴坐能經久時。如是威
儀不極令身速疲倦故。三由此宴坐是不共法。如是威儀外
道他論皆無有故。四由此宴坐形相端嚴。如是威儀令他見
已極信敬故。[43]

《雜阿含經》第〈464經〉亦說：

爾時，尊者阿難往詣上座上座名者所，詣已，恭敬問訊，
問訊已，退坐一面，問上座上座名者言：「若比丘於空處、
樹下、閑房思惟，當以何法專精思惟？」上座答言：「尊
者阿難！於空處、樹下、閑房思惟者，當以二法專精思惟，
所謂 止、觀。」尊者阿難復問上座：「修習於止，多修
習已，當何所成，修習於觀，多修習已，當何所成？」上

---

42 唐·玄奘譯：《瑜伽師地論》，大正新脩大藏經，第 30 冊，No. 1579，第
　28 卷，頁 0438a28。
43 唐·玄奘譯：《瑜伽師地論》，大正新脩大藏經，第 30 冊，No. 1579，第
　30 卷，頁 0450a26。

座答言：「尊者阿難！修習於止，終成於觀，修習觀已，亦成於止。謂聖弟子止、觀俱修，得諸解脫界。」[44]

法門雖多，唯佛法是一味的，無論是中觀或唯識，同樣都重視禪觀，兩宗都說空與有，由於眾生根器各異，為了方便善巧才有側重，兩宗在修行上都離不開「般若空觀」，這是出世間之不二法門，佛陀說法四十九年當中，其中二十二年都是說般若經典，故知般若在佛教史上有著無可代替的地位，如果離開般若空觀，任何修行都變得毫無意義。如《金剛經》云：

何以故？須菩提！一切諸佛，及諸佛阿耨多羅三藐三菩提法，皆從此經出。[45]

《金剛經》屬《大藏經》之般若部，般若部主要是闡述空義，什公譯之《金剛般若波羅蜜經》五千多字雖無一「空」字，但內容卻處處談及「空」的智慧。此經說一切諸佛，包括過去、現在、未來的一切佛，以及諸佛所證得的無上正等正覺，都是修習般若法門空義而得的。另外《心經》亦云：

三世諸佛依般若波羅蜜多故，得阿耨多羅三藐三菩提。[46]

---

44 宋·求那跋陀羅譯：《雜阿含經》，大正新脩大藏經，第 2 冊，No.99，第17 卷，頁 0118b16。

45 姚秦·鳩摩羅什譯：《金剛般若波羅蜜經》，大正新脩大藏經，第 8 冊，No.235，第 1 卷，頁 0749b23。

46 唐·玄奘譯：《般若波羅蜜多心經》，大正新脩大藏經，第 8 冊，No.251，第 1 卷，頁 0848c17。

　　由此可見，若想斷惑證真，除了必修「空觀」之外，並無他法。中觀與唯識的禪觀，同樣都要在「空觀」方面下手，同樣都要奢摩他成功後才正式修毗缽舍那。《瑜伽師地論》將修奢摩他之所緣境分為九類，名為九種心住，如「聲聞地」云：

> 云何名為九種心住？謂有苾芻令心內住、等住、安住、近住、調順、寂靜、最極寂靜、專注一趣、及以等持，如是名為九種心住。[47]

《解深密經》亦云：

> 復即於此能思惟心，內心相續，作意思惟。如是正行多安住故，起身輕安及心輕安，是名奢摩他。[48]。

> 世尊！若諸菩薩緣心為境，內思惟心，乃至未得身心輕安，所有作意，當名何等？」佛告慈氏菩薩曰：「善男子！非奢摩他作意，是隨順奢摩他勝解相應作意。[49]

　　意謂雖然已獲等持，若未得身、心輕安者，非正式奢摩他，只可名為隨順奢摩他。只有在定中，心一境性任運自然，對於昏沉、掉舉都不用加功去對治亦不生起，所緣境堅固相續，明明了

---

47 唐·玄奘譯：《瑜伽師地論》，大正新脩大藏經，第 30 冊，No.1579，第 30 卷，頁 0450c18。

48 唐·玄奘譯：《解深密經》，大正新脩大藏經，第 16 冊，No.676，第 3 卷，頁 0698a05。

49 唐·玄奘譯：《解深密經》，大正新脩大藏經，第 16 冊，No.676，第 3 卷，頁 0698a14。

了，再加上身心輕安充滿全身，此時便得奢摩他，即是初禪。此時雖然得到離生喜樂，但福德智慧猶未深厚，行者還是位居資糧，必須於定中如理作意，思擇《般若經》中義理，是名毘缽舍那，雖然已經步入觀法之門，但其過程亦須次第而上，這樣才能證悟空性。

　　中觀觀法比較簡單，修觀時主要在定中思擇一切法自性空，有為法是緣起故空，無為法是諸法實相，無有作者，不生不滅，無所謂有為與無為，亦不能執為實有，故亦空。其觀空過程依對治而有分別，根據《大智度論》卷 12 可分為「分破空、觀空、十八空」三種。[50]

　　「分破空」是龍樹菩薩最早在《大智度論》提出，觀時將一件有東南西北上下方分的物質破析，最後破析到極微時不能再破，便思維此物質有無方分，如有方分可再破析，若無方分便歸於空。「觀空」從境不離識的角度來說明外境因內識而變異，所以境是空的，與「萬法唯識」的義理一致，略當於五重唯識觀之「捨濫留純識」。《大智度論》卷 12 云：

> 復次，如一美色，婬人見之以為淨妙，心生染著；不淨觀人視之，種種惡露，無一淨處；等婦見之，妒瞋憎惡，目不欲見，以為不淨；婬人觀之為樂；妒人觀之為苦；行人觀之得道；無豫之人觀之，無所適莫，如見土木。若此美色實淨，四種人觀，皆應見淨；若實不淨，四種人觀，皆應不淨。以是故，知好醜在心，外無定也。觀空亦如是。[51]

50　姚秦·鳩摩羅什譯：《大智度論》，大正新脩大藏經，第 25 冊，No.1509，第 12 卷，頁 147c21-148a22

51　姚秦·鳩摩羅什譯：《大智度論》，大正新脩大藏經，第 25 冊，No. 1509，

《大智度論》所說的「十八空」如下：

> 復次，舍利弗！菩薩摩訶薩欲住內空、外空、內外空、空
> 空、大空、第一義空、有為空、無為空、畢竟空、無始空、
> 散空、性空、自相空、諸法空、不可得空、無法空、有法
> 空、無法有法空，當學般若波羅蜜！[52]

「十八空」屬於「畢竟空」的範疇，是在《大般若波羅蜜多
經》十六空的基礎再加上「不可得空、自性空」而成的。《大般
若波羅蜜多經》載：

> 復次，善現！諸菩薩摩訶薩大乘相者，所謂內空、外空、
> 內外空、大空、空空、勝義空、有為空、無為空、畢竟空、
> 無際空、無散空、本性空、相空、一切法空、無性空、無
> 性自性空。[53]

世親菩薩在《辯中邊論》談及十六空，可作為空、有兩宗禪
觀會通的範本。《辯中邊論》對「內空、外空、內外空」的解釋
如下：

第 12 卷，頁 0148a13。
52 姚秦·鳩摩羅什譯：《大智度論》，大正新脩大藏經，第 25 冊，No. 1509，
　　第 31 卷，頁 0285b11。
53 唐·玄奘譯：《大般若波羅蜜多經》，大正新脩大藏經，第 7 冊，No.0220，
　　第 488 卷，頁 0480b03。

能食空者。依內處說即是內空。所食空者。依外處說即是外空。此依身者。謂能所食所依止身此身空故名內外空。[54]

內處是指內六處：指眼、耳、鼻、舌、身、意六根；外處是指色、聲、香、味、觸、法外六塵。六根與六塵都是依身而有，不離於識，所以是空。亦與五重唯識觀之「捨濫留純識」觀法相同。《中觀》經常以「無自性空」來探討空義，闡述緣起性空的中道，《中論》第 4 卷對「無自性空」有這樣的描述：

> 眾因緣生法。我說即是空。何以故。眾緣具足和合而物生。是物屬眾因緣故無自性。無自性故空。空亦復空。但為引導眾生故以假名說。離有無二邊故名為中道。是法性故不得言有。亦無空故不得言無。[55]

龍樹中觀的空義十分清晰明確，主要是破斥凡夫執著緣生法為實我、實法。這與五重唯識之第一重「遣虛存實識」，遣除「遍計所執」，破凡夫虛妄分別在依他起上執為實我、實法，兩者目的都是一樣。由於眾生根器不一，對空理的體會深淺有別。《大般若經》善巧列出多種空，只是從不同角度方便對機說法，唯最重要的是「空空」和「不可得空」，連空亦不可執著。例如《大智度論》第 31 卷曰：

> 「空空」者，以空破內空、外空、內外空；破是三空故，名為空空。[56]

---

54 唐·玄奘譯：《辯中邊論》，大正新脩大藏經，第 31 冊，No. 1600，第 1 卷，頁 0466a13。

55 姚秦·鳩摩羅什譯：《中論》，大正新脩大藏經，第 30 冊，No. 1564，第 4 卷，頁 0033b19。

56 姚秦·鳩摩羅什譯：《大智度論》，大正新脩大藏經，第 25 冊，No. 1509，

復次，以空破十七空故，名為空空。[57]

於諸法中求實不可得，是名不可得空。[58]

一切法乃至無餘涅槃不可得故，名為不可得空。[59]

　　《大智度論》的「空空」和「不可得空」與唯識第五重「遣相證性識」相似，此時行者能所雙亡，所取與能取同時俱空。

中觀與唯識禪觀比較表

	中觀	唯識	異、同
奢摩他	先修奢摩他成就，然後修毘缽舍那。	先修奢摩他成就，然後修毘缽舍那。	同
毘缽舍那	中觀談般若。	唯識亦談般若。	同
	觀一切法無自性空，破斥凡夫執緣生法為實我、實法。	遣虛存實識：觀遍計所執空。遣除依他起上執為實我、實法。	同
	觀空：知好醜在心，外無定也。	捨濫留純識：唯識無境，觀所取空。	同

第 31 卷，頁 0287c24。

57　姚秦·鳩摩羅什譯：《大智度論》，大正新脩大藏經，第 25 冊，No. 1509，第 31 卷，頁 0288a10。

58　姚秦·鳩摩羅什譯：《大智度論》，大正新脩大藏經，第 25 冊，No. 1509，第 31 卷，頁 0295c15。

59　姚秦·鳩摩羅什譯：《大智度論》，大正新脩大藏經，第 25 冊，No. 1509，第 31 卷，頁 0295c21。

中觀破而不立。	唯識破立兼備。	異
中觀當體即空。	唯識即用顯體。	異
中觀由空入手,以法性談般若。	唯識由有入手,以法相談般若	異
中觀以十六空、十八空、二十空等廣略攝我、法二空。	唯識以三性攝我、法二空。	異
空空,不可得空。	遣相證性:能所雙亡,所取與能取同時俱空。	同

五、兩宗思想對中國佛教的影響

(一) 中觀思想對中國佛教的影響

釋迦涅槃後,龍樹菩薩可說是最偉大的人物,他是佛教界的龍象、大乘佛教的開山祖師,他不單止影響了印度本土佛教,在中國的佛教界,其地位和影響力,可說無人堪比。他有「第二釋迦」之美譽,更被後世稱為八宗之祖,八宗是小乘俱舍宗、成實宗二宗,加上大乘律宗、三論宗、法相宗、華嚴宗、天台宗和真言宗合共八宗,後來禪宗和淨土宗興起,亦依附龍樹為共祖,變成有十宗共祖之說。其中受龍樹《中觀》思想影響重大的教派有:

1.三論宗

姚秦鳩摩羅什大師將龍樹的《中論》、《十二門論》和龍樹弟子提婆的《百論》傳來漢土,大量翻譯經論之外,更專弘三論

教義，直至隋朝吉藏大師[60]，將三論宗結集，正式創立了三論宗。他注釋三論如龍樹的《中觀論疏》、《十二門論疏》和提婆的《百論疏》。在吉藏之前，有十二家對正因佛性的問題發生了諍論，湯用彤著的《漢魏兩晉南北朝佛教史》考證，這十二家的代表人物是：

（1）眾生說，河西道朗、莊嚴僧旻、招提白琰公；（2）六法說，定林寺僧柔；（3）心（識）說，開善智藏；（4）冥傳不朽說，中寺（小）安法師；（5）避苦求樂說，光宅法雲；（6）真神說，梁武帝、靈味寶亮；（7）阿梨耶識說，《地論》師；（8）當果說，竺道生、白馬寺愛法師；（9）得佛之理說，瑤（望）法師、靈根寺慧令僧正；（10）真諦說，和法師、靈味寶亮；（11）第一義空說，《攝論》師；（12）中道說，曇無讖、河西道朗。[61]

　　吉藏採取龍樹和提婆的《三論》著《大乘玄論》對其中十一家作出批評。在中國佛教之中，三論宗可算是繼承龍樹中觀的脈絡，將般若義理在漢土弘揚，印順法師在他所著的《中觀今論》說「中觀的正統者，就是三論宗」。

---

60 吉藏（549 年－623 年），俗姓安，隋與唐朝初期的僧侶，是三論宗的祖師與集大成者。幼年時，父親帶他去見真諦大師，並由真諦大師為他取名為吉藏，曾經待過嘉祥寺而有「嘉祥大師」的稱號，七歲時即跟隨法朗法師於興皇寺出家，法朗大師為鳩摩羅什系統三論教學之傳承者，十四歲時開始學習《百論》，十九歲時已經能夠覆述法朗大師的講義，流傳有《三論玄義》、《法華玄論》、《華嚴遊意》等二十七部著作，唐武德六年（623 年）過世，享年 75 歲。

61 湯用彤著：《漢魏兩晉南北朝佛教史》(增訂本)第十七章。北京：北京大學出版社，2011 年 1 月出版，頁 375-376。

2.天台宗

天台宗由北齊慧文禪師[62]創立，智者大師發揚光大。天台奉龍樹為初祖，根據《佛祖統記》記載，慧文特重禪觀，因讀了龍樹的《大智度論》而領悟「一心三觀」，《佛祖統記》卷六云：

> 師夙稟圓乘。天真獨悟。因閱大智度論（第三十卷）引大品云。欲以道智具足道種智。當學般若。欲以道種智具足一切智。當學般若。欲以一切智具足一切種智。當學般若。[63]

> 今云何言以一切智具足一切種智。以一切種智斷煩惱及習。答曰。實一切一時得。此中為令人信般若波羅密故。次第差別說。欲令眾生得清淨心。是故如是說。復次雖一心中得。亦有初中後次第。如一心有三相。[64]

> 師依此文以修心觀。論中三智實在一心中得。且果既一心

---

62 《佛光大辭典》，台北，佛光文化事業有限公司，1999 年 9 月出版，頁6021 載：「慧文：北齊僧。又作慧聞。渤海（山東）人，俗姓高。年壽不詳。活動時間約在東魏孝靜帝天平二年（535）至北齊文宣帝天保八年（557）間。幼歲入道，聰敏絕倫，苦學深思，至於成年。一日，閱大智度論至卷二十七，恍然大悟，證得『一心三智』之妙旨。又讀中論至四諦品之偈：『眾因緣生法，我說即是無，亦為是假名，亦是中道義。』而頓悟空有不二中道之義。遂承龍樹之教而建宗風。遊化河淮，聚徒千百人，盛弘大乘。後以心觀傳授南嶽慧思禪師，慧思受法後，弘化南方，開天台教法宣說之基，然門人多在北方，故傳授亦少。天台宗之徒奉為第二祖（或謂初祖），世稱北齊尊者。」

63 宋·志磐：《佛祖統紀》，大正新脩大藏經，第 49 冊，No. 2035，第 6卷，頁 0178b24。

64 宋·志磐：《佛祖統紀》，大正新脩大藏經，第 49 冊，No. 2035，第 6 卷，頁 0178c02。

而得。因豈前後而獲。故此觀成時證一心三智。雙亡雙照
即入初住無生忍位。師又因讀中論至四諦品偈云因緣所生
法。我說即是空。亦名為假名。亦名中道義。恍然大悟。
頓了諸法無非因緣所生。而此因緣有不定有。空不定空。
空有不二。名為中道。師既一依釋論。是知遠承龍樹也。[65]

由此可見，天台之「一心三觀」和「三諦圓融」等學說皆脫
胎於龍樹思想，雖然天台是一個綜合教派，主要依《妙法蓮華經》，
但亦可以看出與龍樹思想關係密切。

3.淨土宗

淨土宗是中國佛教最多信眾的一宗，弘揚「唸佛往生」易行法
門，行者一心唸佛，依佛力加持往生淨土。龍樹著有《十住毘婆
沙論》有關淨土易行法門，云：

> 行大乘者佛如是說。發願求佛道。重於舉三千大千世界。
> 汝言阿惟越致地是法甚難久乃可得。若有易行道疾得至阿
> 惟越致地者。是乃怯弱下劣之言。非是大人志幹之說。汝
> 若必欲聞此方便今當說之。佛法有無量門。如世間道有難
> 有易。[66]

有阿彌陀等諸佛。亦應恭敬禮拜稱其名號。今當具說。無
量壽佛……是諸佛世尊現在十方清淨世界。皆稱名憶念。阿彌

---

65 宋·志磐：《佛祖統紀》，大正新脩大藏經，第 49 冊，No. 2035，第 6 卷，
頁 0178c11。
66 姚秦·鳩摩羅什譯：《十住毘婆沙論》，大正新脩大藏經，第 26 冊，No.
1521，第 5 卷，頁 0041a27。

陀佛本願如是。若人念我稱名自歸。即入必定得阿耨多羅三藐
三菩提。[67]

　　南北朝時期，曇鸞法師依龍樹的《十住毗婆沙論》作《淨土
論註》，後來隋朝道綽法師依此脈絡著《安樂集》成為後世淨土
宗修行重要的教義。此外，《十住毗婆沙論》有註釋《華嚴經》，
故華嚴宗亦尊龍樹為祖師，華嚴宗三祖唐朝法藏法師亦著有《十
二門論宗致義記》弘揚龍樹中觀學說。其他有部份宗派與龍樹學
說拉不上關係，但亦攀附為祖，龍樹對中國佛教的影響，由此可
見一斑。

（二）唯識思想對中國佛教的影響

　　世親晚年造《唯識三十頌》，未及作釋便歸真上遷，百年之
間，門人弟子競為作釋，最著名者有十大論師：親勝、火辨、德
慧、安慧、難陀、淨月、護法、勝友、勝子、智月。唐太宗貞觀
三年，玄奘大師出長安前往印度求學，歷時五年抵中印度那爛陀
寺，隨護法弟子戒賢論師習《瑜伽師地論》及《十支論》等，十
六年後回長安，廣譯唯識經論，唯識思想影響後世的派別有：

1.唯識宗

　　玄奘與入室弟子窺基建立了「唯識宗」，又名法相宗、慈恩
宗、瑜伽行派……。見上文，不贅。

2.華嚴宗

　　華嚴宗以《華嚴經》為根本經典，《華嚴經》是唯識宗所依
六經十一論之其中一經，唐朝杜順和尚開演《華嚴經》始創華嚴

---

67 姚秦·鳩摩羅什譯：《十住毗婆沙論》，大正新脩大藏經，第 26 冊，No.
　　1521，第 5 卷，頁 0042c13。

宗。三祖法藏集華嚴大成，深得玄旨，武則天賜號「賢首」，此
後華嚴宗亦名賢首宗。法藏著作多引用唯識所依經論，如《華嚴
經探玄記》卷第十三（盡第七地）云：

> 初釋名者。攝大乘云。由緣起智。能令般若波羅蜜多現在
> 前故名現前地。世親釋云。謂此地中住緣起智。由此智力
> 令無分別智而得現前悟一切法無染無淨。無性釋意及梁論
> 等並同此說。解云由加行智引根本智。證於真如無染淨法
> 界令現前故。解深密經現前觀察諸行流轉。又於無相多修
> 作意。方現前名現前地。解云此有二義。一現前觀察諸行
> 流轉。二由多作意令無相觀方得現前。莊嚴論云。不住生
> 死涅槃觀慧現前。名現前地。十住論云降魔事已菩薩道法
> 皆現在前。仁王經名為法現。成唯識同攝論。　瑜伽同深密
> 金光明等。更無異說。十地論等如前已辨。[68]

　　此段多引《攝大乘論》、《解深密經》、《現觀莊嚴論》、
《成唯識論》、《瑜伽師地論》、《十地經論》等唯識重要經論。
另外法藏法師亦參考窺基《法華玄贊》之「八宗說」和《大乘法
苑義林章》及《般若心經幽贊》之「五重唯識觀」而建立華嚴「十
重唯識觀」，法藏著的《華嚴經探玄記》云：

> 先明心作三界。是約集起門。後明心持十二。是約依持門。
> 前中言三界虛妄但一心作者。此之一文諸論同引證成唯
> 識。今此所說是何等心。云何名作。今釋此義依諸聖教說

---

68 唐·法藏著：《華嚴經探玄記》，大正新脩大藏經，第 35 冊，No. 1733，
　第 13 卷，頁 0342b07。

有多門。一相見俱存故說唯識。謂通八識及諸心所并所變
相分本影具足……如攝大乘及唯識等諸論廣說。二攝相歸
見故說唯識。謂亦通八識王數差別所變相分無別種生……
如解深密經二十唯識觀所緣論具說斯義。三攝數歸王故說
唯識。謂亦通具八識心王。以彼心所依於心王無自體故……
如莊嚴論說。四以末歸本故說唯識。謂七轉識皆是本識差
別功能。無別體故。楞伽云。藏識海常住。境界風所動。
種種諸識浪。騰躍而轉生……五攝相歸性故說唯識。謂此
八識皆無自體……七理事俱融故說唯識。……八融事相入
故說唯識……九全事相即故說唯識……十帝網無礙故說
唯識。[69]

　　法藏的文章所用的部分名相或義理，明顯看出是引用唯識重
要典籍，由此證明唯識思想對華嚴宗的影響十分深遠。

3.地論宗

　　《十地經》，又稱《十住經》，是《華嚴經》《十地品》的
單行本，《十地經論》是世親對《十地經》的註釋。北魏菩提流
支及勒那摩提共譯出《十地經論》，建立地論宗。後來二人思想
分歧而分為兩派，分別為勒那摩提之南道派，和菩提流支的北道
派。

4.攝論宗

　　無著作《攝大乘論》是唯識學派重要的論典，梁朝真諦譯為
出《攝大乘論》三卷，並翻譯了世親的《攝大乘論釋》，大力弘

---

69 唐‧法藏著：《華嚴經探玄記》，大正新脩大藏經，第 35 冊，No. 1733，
　第 13 卷，頁 0346c27。

揚，而形成一派。

5.南山律宗

唐朝道宣律師在終南山創南山律宗，弘揚四分律，道宣以唯識學說阿賴耶識種子為戒體，近代弘一大師集律宗之大成，被譽為南山律宗第十一代祖師，其所著《南山律在家備覽略編》內有引述道宣《業疏》說明戒體與種子的關係。業疏續云：

> 欲了妄情，須知妄業，故作法受，還熏妄心於本藏識，成善種子，此戒體也。[70]

6.淨土宗

世親所著《無量壽經優波提舍》，又名《淨土論》或《往生論》，其長行以「五念門為主」：

> 何等五念門。一者禮拜門。二者讚歎門。三者作願門。四者觀察門。五者迴向門。[71]

世親以瑜伽行派的角度，特別指出止、觀對淨土法門的重要性，《往生論》云：

> 入第三門者。以一心專念作願生彼。修奢摩他寂靜三昧行故。得入蓮華藏世界。是名入第三門。入第四門者。以專

---

70 弘一著：《南山律在家備覽略編》，台北，福智之聲出版社，2012 年 3 月（第二版），頁 55。
71 魏·菩提流支譯：《無量壽經優波提舍》，大正新脩大藏經，第 26 冊，No. 1524，第 1 卷，頁 0835a20。

念觀察彼妙莊嚴修毘婆舍那故。得到彼處受用種種法味
樂。是名入第四門。出第五門。以大慈悲觀察一切苦惱眾
生。亦應化身迴入生死園煩惱林中。遊戲神通至教化地。
以本願力迴向故。是名出第五門。菩薩入四種門。自利行
成就應知。[72]

　　自北魏曇鸞和尚提倡持名唸佛之方便法門，流行至今，世親
《往生論》以止、觀修行淨土，可說是對淨土宗的一種補充。

六、結　論

　　從大乘佛教的立場來說，修行最重要的是戒定慧和六波羅
密，無論是戒定慧或六波羅密，都是將慧學放在最後，表示修行
重點在於智慧，無論中觀或唯識的修行，其目的都是解脫生死和
度化眾生，那麼慧學就顯得極為重要。慧可分為有漏慧或無漏慧，
有漏慧往往伴著煩惱而起，只是世俗智慧，不能斷惑證真，只有
透過止、觀修行，才能生起無漏慧，真正體驗空性。空是佛教各
宗共許的，中觀和唯識的禪觀同樣以般若為根本，只是說法對象
不同而側重有別，但目的是一樣。古德多兼弘空、有二宗。唐朝
玄奘大師創立「唯識宗」，他在印度求法時，在那爛陀寺隨戒賢
論師習《瑜伽師地論》外，同時亦習《中論》和《百論》，《大
唐大慈恩寺三藏法師傳》記載：

---

72 魏·菩提流支譯：《無量壽經優波提舍》，大正新脩大藏經，第 26 冊，
　　No. 1524，第 1 卷，頁 0233a14。

法師皆周遍觀禮訖。還歸那爛陀寺，方請戒賢法師講《瑜伽論》，同聽者數千人……法師在寺聽《瑜伽》三遍，《順正理》一遍，《顯揚》、《對法》各一遍，《因明》、《聲明》、《集量》等論各二遍，《中》、《百》二論各三遍。其《俱舍》、《婆沙》、《六足》、《阿毘曇》等，以曾於迦濕彌羅諸國聽訖，至此尋讀決疑而已。[73]

又《大唐大慈恩寺三藏法師傳》記載：

明日到磔迦國東境，至一大城。城西道北有大菴羅林，林中有一七百歲婆羅門，及至觀之，可三十許，質狀魁梧，神理淹審，明《中》、《百》諸論，善《吠陀》等書……仍就停一月，學《經百論》、《廣百論》。其人是龍猛弟子，親得師承，說甚明淨。[74]

玄奘亦在那爛陀寺為了融合中觀和唯識而作《會宗論》，《大唐大慈恩寺三藏法師傳》這樣記載：

法師為和會二宗言不相違背，乃著《會宗論》三千頌。《論》成，呈戒賢及大眾，無不稱善，並共宣行。[75]

---

73 唐·沙門慧立本，釋彥悰箋：《大唐大慈恩寺三藏法師傳》，大正新脩大藏經，第 50 冊，No.2053，第 3 卷，頁 0238c19。

74 唐·沙門慧立本，釋彥悰箋：《大唐大慈恩寺三藏法師傳》，大正新脩大藏經，第 50 冊，No.2053，第 2 卷，頁 0232a07。

75 唐·沙門慧立本，釋彥悰箋：《大唐大慈恩寺三藏法師傳》，大正新脩大藏經，第 50 冊，No.2053，第 3 卷，頁 0244c08。第 3 卷，頁 0244c08

義淨撰《南海寄歸內法傳》亦云：

> 所云大乘，無過二種：一則中觀、二乃瑜伽，中觀則俗有
> 真空體虛如幻，瑜伽則外無內有事皆唯識；斯並咸遵聖教，
> 孰是孰非？同契涅槃，何真何偽？意在斷除煩惑拔濟眾
> 生，豈欲廣致紛紜重增沈結？依行則俱昇彼岸，棄背則並
> 溺生津。[76]

　　西藏格魯派祖師宗喀巴大士雖尊崇中觀，但他所著《菩提道
次第廣論》卻引用很多唯識經論包括有：《楞伽經》、《解深密
經》、《華嚴經》、《瑜伽師地論》、《俱舍論》、《現觀莊嚴
論》、《攝大乘論》、《辯中邊論》、《辯中邊論頌》、《大乘
五蘊論》等，融合了空、有兩派的見解而成為一部不朽巨著。
　　由此可知，空、有兩宗乃符合佛陀一乘法之本懷，可交相為
用，中觀、唯識如鳥之雙翼，不可偏廢。中觀與唯識的禪觀各有
千秋，乃佛法之雙美，可對機而修，若要做到「信、解、行、證」，
先要將「教、理、行、果」認識清楚，有了明確的指針，依「戒、
定、慧」落實修行，便可踏上菩提之路。

---

76 唐‧義淨撰：《南海寄歸內法傳》，大正新脩大藏經，第 54 冊，No.2125，
　　第 1 卷，頁 0205c13。

七、參考書目

一、佛典文獻（以大正新脩大藏經號排列）

宋・求那跋陀羅譯：《雜阿含經》，大正新脩大藏經，第 2 冊，No.99。

唐・玄奘譯：《大般若波羅蜜多經》，大正新脩大藏經，第 7 冊，No.220。

唐・玄奘譯：《般若波羅蜜多心經》，大正新脩大藏經，第 8 冊，No.251。

姚秦・鳩摩羅什譯：《金剛般若波羅蜜經》，大正新脩大藏經，第 8 冊，No.235。

唐・玄奘譯：《解深密經》，大正新脩大藏經，第 16 冊，No.676。

唐・實叉難陀譯：《大乘入楞伽經》，大正新脩大藏經，第 16 冊，No.672。

後秦・弗若多羅並羅什譯：《十誦律》，大正新脩大藏經，第 23 冊，No.1435。

姚秦・鳩摩羅什譯：《大智度論》，大正新脩大藏經，第 25 冊，No.1509。

魏・菩提流支譯：《無量壽經優波提舍》，大正新脩大藏經，第 26 冊，No.1524。

唐・玄奘譯：《大毗婆娑論》，大正新脩大藏經，第 27 冊，No.1545。

姚秦・鳩摩羅什譯：《中論》，大正新脩大藏經，第 30 冊，No.1564。

唐・玄奘譯：《瑜伽師地論》，大正新脩大藏經，第 30 冊，No.1579。

唐・玄奘譯：《成唯識論》，大正新脩大藏經，第 31 冊，No.1585。

無著造，唐・玄奘譯：《攝大乘論本》，大正新脩大藏經，第 31 冊，No.1594。

唐・玄奘譯：《辯中邊論頌》，大正新脩大藏經，第 31 冊，No.1601。

唐・法藏著：《華嚴經探玄記》，大正新脩大藏經，第 35 冊，No.1733。

唐・窺基撰：《大乘法法苑義林章》，大正新脩大藏經，第 45 冊，No.1861。

宋・志　磐：《佛祖統紀》，大正新脩大藏經，第 49 冊，No. 2035。

姚秦・鳩摩羅什譯：《龍樹菩薩傳》，大正新脩大藏經，第 50 冊，No.2047b。

陳・真諦譯：《婆藪槃豆法師傳》，大正新脩大藏經，第 50 冊，No.2049。

唐・沙門慧立本，釋彥悰箋：《大唐大慈恩寺三藏法師傳》，大正新脩大藏經，

第 50 冊，No.2053。

梁・慧皎撰：《高僧傳》，大正新脩大藏經，第 50 冊，No.2059。

二、中文專書（以作者姓氏筆劃排列）

釋印順《中觀論頌講記》，台北，正聞出版社，1992 年一月（修訂一版）。

呂　澂《印度佛學源流略講》，上海人民出版社，2005 年 4 月 1 日。

宗喀巴著，法尊法師譯《菩提道次第廣論》，臺北：圓明出版社，1993。

弘　一《南山律在家備覽略編》，台北，福智之聲出版社，2012

年 3 月。

李潤生《成唯識論述記解讀》（破執篇　第 1 冊），台北，全佛
　　文化事業有限公司，2005 年 10 月。

吳汝均《佛教大辭典》，北京，商務印書館國際有限公司，1995
　　年 9 月。

星　雲《佛光大辭典》，台北，佛光文化事業有限公司，1999 年
　　9 月。

湯用彤《漢魏兩晉南北朝佛教史》增訂本），北京：北京大學出
　　版社，2011 年 1 月。